W0256521

Informatik – Fachberichte

Band 8: Digitale Bildverarbeitung/Digital Image Processing. GI/NTG Fachtagung, München, März 1977. Herausgegeben von H.-H. Nagel. XI, 328 Seiten. 1977.

Band 9: Modelle für Rechensysteme. Workshop 1977. Herausgegeben von P. P. Spies. VI, 297 Seiten. 1977.

Band 10: GI – 7. Jahrestagung. Proceedings 1977. Herausgegeben von H. J. Schneider. IX, 214 Seiten. 1977.

Band 11: Methoden der Informatik für Rechnerunterstütztes Entwerfen und Konstruieren, GI-Fachtagung, München, 1977. Herausgegeben von R. Gnatz und K. Samelson. VIII, 327 Seiten. 1977.

Band 12: Programmiersprachen. 5. Fachtagung der GI, Braunschweig, 1978. Herausgegeben von Klaus Alber. VI, 179 Seiten. 1978.

Band 13: W. Steinmüller, L. Ermer, W. Schimmel: Datenschutz bei riskanten Systemen. X, 244 Seiten. 1978.

Band 14: Datenbanken in Rechnernetzen mit Kleinrechnern. Fachtagung der GI, Karlsruhe, 1978. Herausgegeben von W. Stucky und E. Holler. X, 198 Seiten. 1978.

Band 15: Organisation von Rechenzentren. Workshop der Gesellschaft für Informatik, Göttingen, 1977. Herausgegeben von D. Wall. X, 310 Seiten. 1978.

Band 16: GI-8. Jahrestagung, Proceedings 1978. Herausgegeben von S. Schindler und W. K. Giloi. VI, 394 Seiten. 1978.

Band 17: Bildverarbeitung und Mustererkennung. DAGM Symposium, Oberpfaffenhofen, 1978. Herausgegeben von E. Triendl. XIII, 385 Seiten. 1978.

Band 18: Virtuelle Maschinen. Nachbildung und Vervielfachung maschinenorientierter Schnittstellen. GI-Arbeitsseminar, München 1979. Herausgegeben von H. J. Siegert. X, 231 Seiten. 1979.

Band 19: GI - 9. Jahrestagung. Herausgegeben von K. H. Böhling und P. P. Spies. XIII, 690 Seiten. 1979.

Band 20: Angewandte Szenenanalyse. DAGM Symposium, Karlsruhe 1979. Herausgegeben von J. Foith. XIII, 362 Seiten. 1979.

Band 21: Formale Modelle für Informationssysteme. Fachtagung der GI, Tutzing 1979. Herausgegeben von H. C. Mayr und B. E. Meyer. VI, 265 Seiten. 1979.

Band 22: Kommunikation in verteilten Systemen. Workshop der Gesellschaft für Informatik e.V.. Herausgegeben von S. Schindler und J. Schröder. VIII, 338 Seiten. 1979.

Band 23: K.-H. Hauer, Portable Methodenmonitoren. XI, 209 Seiten. 1980.

Band 24: N. Ryska, S. Herda: Technischer Datenschutz. Kryptographische Verfahren in der Datenverarbeitung. V, 401 Seiten. 1980.

Band 25: Programmiersprachen und Programmierentwicklung. 6. Fachtagung, Darmstadt, 1980. Herausgegeben von H.-J. Hoffmann. IV, 236 Seiten. 1980.

Band 26: F. Gaffal, Datenverarbeitung im Hochschulbereich der USA. Stand und Entwicklungstendenzen. IX, 199 Seiten. 1980.

Informatik-Fachberichte

Herausgegeben von W. Brauer
im Auftrag der Gesellschaft für Informatik (GI)

26

Franz Gaffal

Datenverarbeitung im Hochschulbereich der USA

Stand und Entwicklungstendenzen

Springer-Verlag
Berlin Heidelberg New York 1980

Autor
Franz Gaffal
Bayerisches Staatsministerium
für Unterricht und Kultus
Salvatorstr. 2
8000 München

AMS Subject Classifications (1970): 68-00
CR Subject Classifications (1974):   2.40, 24.1, 2.43, 2.45

ISBN-13:978-3-540-09938-3   e-ISBN-13:978-3-642-67601-7
DOI:10.1007/978-3-642-67601-7

CIP-Kurztitelaufnahme der Deutschen Bibliothek
Gaffal, Franz:
Datenverarbeitung im Hochschulbereich der USA: Stand u. Entwicklungstendenzen /
Franz Gaffal. - Berlin, Heidelberg, New York: Springer, 1980.
(Informatik-Fachberichte; 26)

2145/3140 - 5 4 3 2 1 0

Der Inhalt dieses Buches ist das Ergebnis eines Besuches bei
Einrichtungen des höheren Bildungswesens der Vereinigten
Staaten von Amerika in der Zeit vom 9.9. - 7.11.1978.
Ermöglicht wurde er mir durch ein Stipendium der Fulbright-
Kommission zur Untersuchung der Struktur und der Entwicklungs-
tendenzen des Einsatzes der Datenverarbeitung im Hochschulbe-
reich der USA im Rahmen eines Sonderprogramms und die Unterstüt-
zung dieses Vorhabens durch das Bayerische Staatsministerium
für Unterricht und Kultus.
Mit dem Sonderprogramm verfolgt die Fulbright-Kommission die
Absicht, deutschen Fachleuten (Angehörigen der Verwaltung oder
Mitgliedern bei Planungsstäben bei Ministerien, Institutionen,
Behörden und Parlamenten, den Leitern oder Verwaltern von Bil-
dungsexperimenten im Sekundär- und Tertiärbereich der Bildung
sowie Hochschullehrern) einen Aufenthalt in den Vereinigten
Staaten von Amerika zu ermöglichen. Dabei soll Gelegenheit gegeben werden, einen breiten Einblick in die Vielfalt des amerikanischen Bildungswesens, in amerikanische Entwicklungen und
Probleme zu erhalten. Es soll die Möglichkeit geschaffen werden,
amerikanische Modelle oder Erfahrungen (die gelegentlich nur im
Abriß, in der Theorie oder durch Zufallsverbindungen bekannt
werden) in der gesellschaftlichen Wirklichkeit beobachten und
kritisch auswerten zu können. Mißverständnisse und lückenhafte
Information über das amerikanische Bildungswesen sollen nach Möglichkeit vermieden werden.

Die Durchführung der Untersuchung in den Vereinigten Staaten
wurde durch das Council for International Exchange of Scholars
betreut, das dem American Council of Education angegliedert ist,
einer Dachorganisation, in der die meisten Organisationen des
amerikanischen Bildungswesens zusammengeschlossen sind. Das
Council hatte auf der Grundlage eines von mir unterbreiteten
Vorschlages und unter Zuziehung amerikanischer Fachleute des

jeweiligen Fachgebietes einen Gesamtvorschlag für die Gestaltung des Programms für die vollen 8 Wochen des Aufenthaltes erarbeitet. Er enthielt die zu besuchenden Institutionen und legte die Zeitdauer der einzelnen Besuche fest. Der Vorschlag des Council zur Gestaltung des Programms wurde in der ersten Woche des Aufenthaltes in Washington nochmals gemeinsam durchgegangen, ggf. angepaßt und endgültig festgelegt.

Die Ausführung des Programms im Detail, die Organisation der Zusammenkünfte mit den in der jeweiligen Institution wichtigen Persönlichkeiten wurden von einem örtlichen Verbindungsmann sichergestellt. Er gehörte in der Regel zu einer der besuchten Universitäten. Die Programme lagen gewöhnlich bei Ankunft in schriftlicher Form vor und wurden am ersten Tag nochmals durchgesprochen und ggf. angepaßt. Eine Anpassung war dabei verständlicherweise nur in Grenzen möglich, weil hierzu die erforderlichen Fachleute an der Hochschule während der Zeit der Anwesenheit verfügbar sein mußten. Jedoch ließ sich auch dies wegen des bezogen auf das akademische Jahr günstig abgestimmten Reisetermins häufig noch erreichen. Überhaupt ließ sich feststellen, daß einem durch den Umstand über die Fulbright-Kommission vermittelt zu sein, alle Türen offenstanden und die Gesprächspartner zum weitaus überwiegenden Teil ehrlich bemüht waren, einen umfassenden, gründlichen und unverfälschten Eindruck von der Wirklichkeit an den amerikanischen Hochschulen zu vermitteln.

Die erste Woche des Aufenthalts diente der Einführung in das amerikanische Bildungssystem; sein Aufbau, seine Gliederung, die Regelung der Zuständigkeiten und aktuelle Probleme wurden aus der Sicht des Bundesministeriums (Department of Health, Education and Welfare) und von Interessenverbänden aus dem Bildungsbereich (z.B. American Council of Education, American Association of State Colleges and Universities, Fachleute aus dem Universitätsbereich), die in Washington zahlreich angesiedelt sind, erörtert. Mit Vertretern der National Science Foundation (in der Aufgabenstellung etwa vergleichbar mit der Deutschen Forschungsgemeinschaft) konnten

Stand und Entwicklungstendenzen des DV-Einsatzes allgemein
und im Hochschulbereich im besonderen diskutiert werden. Desweiteren wurde ein Gespräch mit Vertretern der auf dem Gebiet
des Bibliothekswesens richtungweisenden Library of Congress ge-
führt. An einem halben Tag am Wochenende konnte ich selbst das
Arbeiten mit den DV-Einrichtungen dieser Bibliothek erproben.
Höhepunkt und Abschluß war ein Gespräch mit dem Vorsitzenden
des Ausschusses für Erziehung des Repräsentantenhauses.

In den folgenden 7 Wochen besuchte ich verschiedenste Einrichtungen des höheren Bildungswesens, vor allem jedoch Universitäten,
und einige Herstellerfirmen von DV-Anlagen. Die erste Woche ver-
brachte ich im Staate Pennsylvania, die zweite in den Staaten
New York und New Jersey, die dritte und vierte in den Staaten
Michigan, Illinois und Colorado, die fünfte im Staat Californien,
die sechste in den Staaten Minnesota und North Carolina und die
siebte im Staat Massachusetts. Die einzelnen besuchten Institutionen und die wichtigsten Gesprächspartner sind in Anhang 1
aufgeführt. Kenndaten der besuchten Institutionen und ihrer
DV-Ausstattung sind in Anhang 2 zusammengestellt.

Der nachfolgende Bericht behandelt die wichtigsten Erfahrungen
und Eindrücke sowie Beispiele im einzelnen. Er soll dazu dienen,
sie und die zusammengetragenen Informationen zu sichern, zu ord-
nen und festzuhalten und damit die Möglichkeit schaffen, sie
einem größeren Kreis Interessierter zugänglich zu machen und einen schnellen Rückgriff in der aktuellen Arbeit zu ermöglichen.

Die anfängliche Absicht einen an sich nur erforderlichen Kurz-
bericht zu erstellen, wurde im Laufe der Ausarbeitung mehr und
mehr zugunsten einer gründlicheren Darstellung aufgegeben. Sie
soll es ermöglichen, daß die dargelegten Aussagen nachvollzogen
und konkreter für eigene Projekte eingesetzt werden können.

Der anfänglichen Absicht wurde versucht durch einige allgemeine
Punkte (1. - 3.) und durch Zusammenfassungen am Ende jedes Haupt-
kapitels Rechnung zu tragen. Im übrigen wird der Bericht nach
den großen Automatisierungsbereichen Lehre und Forschung, Verwaltung und Bibliotheken gegliedert. Eine Reihe von besuchten
Projekten und Institutionen konnte nicht behandelt werden, wie
ein Vergleich des Inhaltsverzeichnisses mit der Liste der besuchten Institutionen (Anhang 1) zeigt. Jedoch wäre es in dieser Hin-
sicht durchaus möglich gewesen, andere Institutionen auszuwählen
oder auch weitere Institutionen zur Stützung der Aussagen oder
Abrundung der Darstellung heranzuziehen. Letzteres war jedoch
aus Zeit- und Platzgründen nicht möglich. Die Nichteinbeziehung
einer Institution in den Bericht stellt keinesfalls ein Wert-
urteil über die Qualität der dort vorgefundenen Arbeiten dar.

Viele allgemeine Eindrücke zu Organisation und Durchführung des
Studiums, zur Situation der Hochschulen und zu den Planungen
konnten bedingt durch die Aufgabenstellung nicht in den Bericht
aufgenommen werden.

An dieser Stelle möchte ich all den vielen Institionen und Personen danken, deren wohlwollende Unterstützung die Durchführung
dieser Untersuchung ermöglichte. Insbesondere gilt mein Dank
der Fulbright-Kommission und Herrn Ministerialdirektor Herbert
Kießling vom Bayerischen Staatsministerium für Unterricht und
Kultus für ihre Förderung, Mrs. Margot Marino vom Council for
International Exchange of Scholars stellvertretend für alle
die sich jede Mühe gaben, die Reise gut zu organisieren und
nicht zuletzt meiner Frau, deren Einsatz es ermöglichte, daß
die an sich schon knappe Freizeit über Monate voll dem Bericht
zufließen konnte.

Inhaltsverzeichnis

<u>1.Einführung</u>

Datenverarbeitung hat im Hochschulbereich eine lange Tradition.
Dort wurden die ersten elektronischen Rechenanlagen entwickelt und
gebaut. Dort wurden Grundlagen zum Verständnis dieses neuen und
vielseitigen Instrumentes und für seinen breiten Einsatz erarbeitet. Datenverarbeitungsanlagen sind heute aus dem Hochschulbereich
nicht mehr wegzudenken. Viele neue Erkenntnisse konnten erst mit
ihrer Hilfe gewonnen werden, viele Forschungsergebnisse hätten
ohne sie überhaupt nicht erreicht werden können. Auch für die
Unterstützung von Verwaltungsabläufen in der Hochschule, in Uni-
versitätskliniken und Hochschulbibliotheken wird Datenverarbeitung
in immer stärkerem Maße eingesetzt.
Für die Gestaltung der Datenverarbeitungsstruktur, wie sie heute
an den Hochschulen angetroffen wird und für die weitere Entwicklung gibt es eine Vielzahl von Möglichkeiten, die sich im einzelnen in folgenden Punkten widerspiegeln:
- Abgrenzung von Aufgaben der Hochschulen, die am Hochschulrechenzentrum oder auf eigenständigen oder speziellen Rechnern
  für bestimmte Anwendungen durchgeführt werden (z.B. Rechenanlagen für Lehre, Forschung, Verwaltung, Medizin, Prozeßdatenverarbeitung)
- Organisation von Hochschulrechenzentren (z.B. Einfügung in die
  Struktur der Hochschule, Untergliederung des Hochschulrechenzentrums selbst, Mitwirkung der Benutzer bei Entscheidungen,
  Benutzungsgebühren)
- Zusammenarbeit zwischen Universitäten bei der Bereitstellung
  von Rechenleistung: Aufbau von Rechnernetzen
- Ausstattung der Hochschulrechenzentren mit Rechenanlagen, Per-
  sonal und Räumen
- Ausbauplanungen
- Entwicklungstendenzen auf dem Gebiet der Hard- und Software.

Der Entwicklungsstand beim Einsatz der Datenverarbeitung im Hochschulbereich ist in der USA trotz gegenteiliger Meinung einiger deutscher Fachleute immer noch höher als in Deutschland. Von einer Untersuchung der Verhältnisse in den USA sind deshalb wertvolle Anregungen für die weitere Entwicklung der Datenverarbeitung und zur Beurteilung von Entwicklungstendenzen zu erwarten.

2. Einige Bemerkungen zum Aufbau des höheren Bildungswesens in den USA

Der grundsätzliche Aufbau des Bildungswesens in den USA ist in
Abb. 2.1 dargestellt. Demnach treten die Studenten in der Regel mit
18 Jahren in den tertiären Bildungsbereich (Higher Education) ein.
Ein erster berufsqualifizierender Abschluß - gewöhnlich an Community
Colleges oder Junior Colleges erworben - ist nach 2 Jahren möglich.
Davon wird besonders von den Studenten Gebrauch gemacht, die praxis-
bezogene Studiengänge durchlaufen haben und z.B. als Techniker mitt-
lerer Qualifikation eingesetzt werden (Associate of Arts (A.A.) oder
Associate of Science (A.S.)). Nach weiteren 2 Jahren kann das soge-
nannte Untergraduierten-Studium mit dem Bachelor-Grad (z.B. Bachelor
of Arts (B.A.) oder Bachelor of Science (B.S.)) abgeschlossen werden
Der nächste Abschluß ist der Master-Grad (Master of Arts (M.A.) oder
Master of Science (M.S.)), der von insgesamt etwa 900 Institutionen
in den USA verliehen werden kann. Er erfordert 1 - 2 Jahre weiteren
Studiums. Die Programme, die zu diesem Abschluß führen, sind sehr
unterschiedlich und können sogar in ihrer Struktur an einer Hochschule bei verschiedenen Fachrichtungen stark differieren. Der näch-
ste erreichbare Abschluß ist der Doktorgrad (Doctor of Philosophy
(Ph.D.)). Er erfordert in der Regel weitere 2 Jahre Studium und
Kenntnisse in einer oder zwei Fremdsprachen. Für jeden Grad ist das
Bestehen entsprechender Prüfungen erforderlich.

1977/78 gab es in den USA 3130 Einrichtungen des höheren Bildungswesens. Davon gehörten 1486 dem staatlichen Bereich an. 1644 waren
privat und etwas weniger als die Hälfte davon wurden von religiösen
Gemeinschaften getragen.

Die größte Zunahme im Bereich des höheren Bildungswesens in der zurückliegenden Zeit erfolgte bei den 2-Jahres-Institutionen (vor allem
Community Colleges). Ihre Zahl stieg von 755 im Jahre 1966 auf 925
im Jahre 1978.

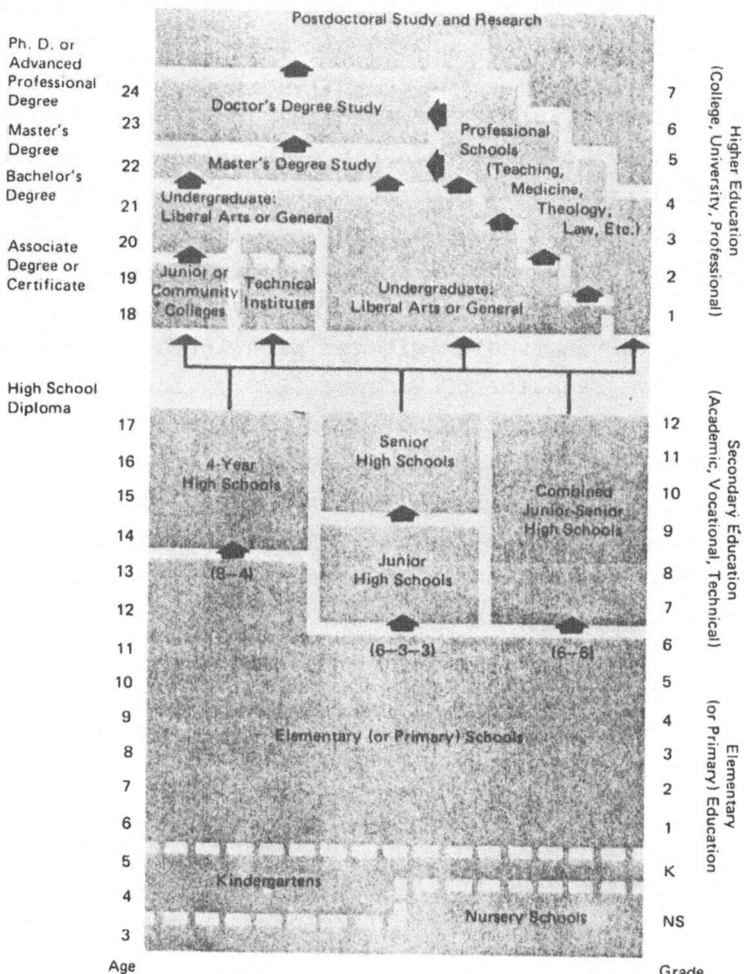

Abb. 2.1 Grundsätzlicher Aufbau des Bildungswesens der USA

1975/76 trug der öffentliche Bereich zusammen über die Hälfte
aller laufenden Ausgaben für den tertiären Bildungsbereich. Hiervon fielen ca. 2/3 auf die Länder und Kommunen und 1/3 auf den
Bund. Die gesamten öffentlichen Ausgaben für diese Aufgabe er-
reichten 39.7 Milliarden Dollar.

Der Anteil der Ausgaben für den tertiären Bildungsbereich am
Bruttosozialprodukt ist in den zurückliegenden Jahren jeweils
kräftig gestiegen. 1959 lag er bei 1,2 %, 1975 bei 2,6 % (die
Vergleichszahlen für das gesamte Bildungswesen sind 5,1 % bzw.
7,9 %). Die Ursache war vor allem die starke Zunahme der Stu-
dentenzahlen. Aber auch Kostensteigerungen für die Ausbildung
haben dazu beigetragen. So wird z.B. vom Department of Health,
Education and Welfare in Washington darauf hingewiesen, daß die
Gehälter für Lehrpersonen sich in den letzten 10 Jahren nahezu
verdoppelt haben. Das durchschnittliche jährliche Gehalt für
Lehrpersonal an Colleges und Universitäten lag 1966 bei 9.081
Dollar, 1976 bei 16.634 Dollar.

Die Gesamtzahl der eingeschriebenen Studenten stieg vom Herbst
1965 bis zum Herbst 1976 von 5,57 Mio auf 11,36 Mio an. 76 % davon
besuchten öffentliche Einrichtungen, 24 % private. 1976 waren 34 %
aller 18 - 24-Jährigen an Colleges oder Universitäten eingeschrieben gegenüber 27,7 % im Jahre 1966. Zugleich hat sich die Zahl der
Studenten, die höhere Abschlüsse (Master, Ph.D.) anstreben, von
0,66 Mio auf 1,27 Mio erhöht.

Eine Besonderheit des höheren Bildungswesens der USA ist, daß
eine sehr große Zahl von Studenten Teilzeitstudenten sind, die
entweder voll im Beruf stehen oder darauf angewiesen sind, sich
durch Teilzeitarbeit zusätzliche Mittel zur Deckung der Studien-
kosten zu erwerben. 1977 lag ihr Anteil bei 40 %.

Die Kosten des Studiums schwanken sehr stark zwischen den einzelnen Colleges und Universitäten. Bei den öffentlichen Einrichtungen wird dabei in der Regel noch zwischen aus dem Staat oder der Kommune stammenden und von außerhalb kommenden Studenten unterschieden. Die Gebühren für "Landeskinder" können dabei auch bei sehr angesehenen Universitäten, die sich ansonsten vor allem nach Leistung ausrichten, in der Höhe stark differieren. Einzelheiten sind aus Tab. 2.1 ersichtlich.

Durchschnittliche Studiengebühren für einen Vollzeitstudente	Hochschulart					
	öffentlich				privat	
	Studenten aus dem Sitzstaat		Studenten von außerhalb d. Sitzstaates		Undergraduate	Graduate
	Undergrad.	Grad.	Undergr.	Grad.		
Universitäten	689	78o	1838	1833	3292	3149
andere Einrichtungen mit 4-Jahres-studiengängen	583	714	1337	1389	2247	2o74
2-Jahres-Colleges	382	-	1o38	-	1609	-

Tab. 2.1 Von den Hochschulen erhobene Studiengebühren für einen Vollzeitstudenten in Dollar/Jahr (1975/76)

Errichtung und Betrieb der Hochschulen unterstehen jeweils der
Aufsicht des Staates, in dem sie eingerichtet sind und bedürfen
der Genehmigung. Das gilt für öffentliche und private Hochschulen gleichermaßen. Die Genehmigung zum Betrieb genau bezeichne-
ter Universitäten ist bei manchen Staaten sogar in der Verfas-
sung des Staates verankert (z.B. in Michigan). Meistens wird sie
jedoch durch ein Gesetz erteilt. Die bundesstaatliche Regierung
hat keinen unmittelbaren Einfluß auf die Errichtung von Hochschulen und auf die Richtlinien, nach denen sie arbeiten. Dennoch
kann der Einfluß in einzelnen Bereichen, insbesondere durch bundesstaatliche Sonderprogramme, groß sein.

Die meisten Staaten verfügen über ein staatsumfassendes Planungs-
und Koordinierungssystem zur Entwicklung des öffentlichen Bereiches des höheren Bildungswesens. Am häufigsten trifft man
hierfür Coordinating Boards oder Consolidated Governing Boards
an. In den meisten Staatsuniversitätssystemen haben die einzelnen Campus weitgehende Autonomie innerhalb der vorgegebenen
Rahmenplanungen.

Die meisten der großen Staaten haben hochentwickelte Staats-
universitätssysteme. So hat z.B. Californien ein genau spezifi-
ziertes dreigliedriges System:

. die California Community Colleges mit 105 2-Jahres Colleges
. die California State University and Colleges mit 19 Einrichtungen
. die University of California mit 9 Campussen.

Die State University of New York stellt ein einziges koordinier-
tes Gesamtsystem für den tertiären Bildungsbereich des Staates
New York mit zusammen 64 2-Jahres- und 4-Jahres-Einrichtungen
und Universitäten dar.

Entscheidungen von grundsätzlicher politischer und finanzieller
Bedeutung werden vom Board of Trustees (manchmal auch Board of
Regents genannt) gefällt. Das Verfahren, nach dem die Mitglieder dieser Boards bestimmt werden und welche Anforderungen
an sie zu stellen sind, ist in der Regel von einer Hochschule
zur anderen verschieden und meistens in der Gründungsurkunde
festgelegt. Man trifft sowohl Fälle an, in denen die Mitglieder
des Boards für eine vorgegebene Periode als auch solche, in
denen sie auf Lebenszeit ernannt werden. Im öffentlichen Bereich werden die Mitglieder des Boards gelegentlich von der
Bevölkerung des Staates in einem eigenen Wahlverfahren direkt
und unabhängig von anderen politischen Wahlen gewählt oder sie
werden vom Gouverneur des Staates ernannt.

3. Allgemeine Organisation und Struktur der Datenverarbeitung an Hochschulen der USA

Das Hochschulrechenzentrum ist üblicherweise wegen seiner zentralen Bedeutung für die Hochschule einem der Vizepräsidenten unterstellt, welchem, hängt von der schwerpunktmäßigen Aufgabenstellung des Hochschulrechenzentrums und der historischen Entwicklung ab. Entweder ist es der für akademische Fragen oder die Forschung oder der für die Verwaltung zuständige Vizepräsident. Sind getrennte Rechenzentren für Forschung und Lehre und für die Verwaltung eingerichtet, so berichten die Rechenzentren auch jeweils an den für ihren Bereich zuständigen Vizepräsidenten. Eine Koordinierung der Aktivitäten der verschiedenen Rechenzentren findet, soweit erforderlich, auf höherer Ebene statt. Diese Organisation trifft vor allem für die größeren Universitäten zu, die mit deutschen Universitäten etwa vergleichbar sind.

Eine Gesamtumfrage im Jahre 1976/77 ergab, daß im Hochschulbereich der USA insgesamt 102 Rechenzentren bestanden, die ausschließlich für Verwaltungsaufgaben eingesetzt wurden. 127 Hochschulrechenzentren führten keinerlei Verwaltungsaufgaben, sondern nur Aufgaben der Lehre und Forschung durch. 58 waren nur für die Forschung eingesetzt und 75 nur für die Lehre (siehe auch 4.1.1). Die restlichen Hochschulen, die zu dieser Frage berichteten, setzten ihre Hochschulrechenzentren für alle Aufgaben der Forschung, Lehre und Verwaltung ein. Dies waren bezogen auf die <u>Anzahl</u> der antwortenden Hochschulen (1249) 71 %. Insgesamt gab es 106 Hochschulen, die durch gemeinsame Rechenzentren für mehrere Hochschulen oder durch gemeinnützig organisierte Rechenzentren in der Deckung ihres Rechenbedarfs unterstützt wurden (siehe auch 4.2). Die Hochschulrechenzentren verfügten zusammen über einen Personalstand von 38.600, von denen 32 % einen Bachelor-Grad oder einen höheren akademischen Abschluß hatten.

An den Universitäten waren 38.228 Studenten mit Schwerpunkt
Datenverarbeitung eingeschrieben, an den anderen 4-Jahres-
Institutionen 24.433 und 4.081 an 2-Jahres-Institutionen.
Von ihnen wurden in diesem Jahr 7.653 Bachelor-, 2.769
Master- und 293 Ph.D.-Abschlüsse erreicht.

4.1 Besondere Systeme mit schwerpunktmäßigem Einsatz in der Lehre

4.1.1 Bereitstellung von Systemen für kostengünstiges interaktives Arbeiten

Für die Bereitstellung eines Benutzerterminals für interaktives
Arbeiten sind nach den derzeit auf dem amerikanischen DV-Markt
üblichen Preisen insgesamt für das Terminal selbst und als an-
teilige Beschaffungskosten am Zentralsystem (Beschaffungskosten
für die gesamte Hard- und Software des Zentralrechners und der
angeschlossenen peripheren Geräte einschließlich aller Einrichtungen zum Anschluß der Terminals dividiert durch die Anzahl
der angeschlossenen Terminals) folgende Investitionen erforderlich:

1) Ca. 5.000 Dollar bei Einsatz eines preisgünstigen 16-bit-
   Rechners mit einem effizienten Timesharing-Betriebssystem
   (z.B. UNIX).

2) Ca. 10.000 Dollar bei Einsatz eines 32-bit-Rechners mit
   geeignetem Timesharing-Betriebssystem (z.B. TOPS). Durch
   die größere Wortlänge wird es bei dieser Lösung ermöglicht,
   mehr Arbeiten aus dem Forschungsbereich schnell und effizient abzuwickeln.

3) Ca. 20.000 Dollar bei Einsatz eines Universalrechners mit
   den von den Großrechnerherstellern her bekannten für
   Timesharing-Aufgaben zur Verfügung gestellten Betriebssystemen. Diese Lösung gestattet es, grundsätzlich alle
   für Datenverarbeitung geeigneten Probleme aus Lehre und
   Forschung an Universitäten mit dieser Rechenanlage zu bearbeiten.

Was die Preise betrifft, so sind die Verhältnisse am deutschen
Markt leider noch immer nicht mit denen am amerikanischen Markt
zu vergleichen. Hierzulande muß insgesamt erheblich mehr aufgewendet werden, als man aus einer bloßen Umrechnung der Preise
aufgrund des Wechselkurses errechnet. Die Relationen zwischen
den Preisen der Lösungen 1) bis 3) dürften jedoch in etwa vergleichbar sein. Nun zu den Lösungen im einzelnen:

Lösung 1) hat den ins Auge springenden Vorteil, daß für den
gleichen Betrag den Benutzern doppelt bzw. 4-mal soviel Terminals
zur Verfügung gestellt werden können als bei Lösung 2) bzw. 3).
Hier bietet sich also die Möglichkeit, den Zugang der Benutzer
zu Rechenkapazität entscheidend zu verbessern, sofern nicht
rechenintensive Programme in größerer Zahl ablaufen oder spezielle Anwendungsprogrammpakete oder Programmsysteme verfügbar
sein müssen. Regelmäßig ist dies dort der Fall, wo viel Programmentwicklung betrieben wird und wenig rechenintensive Läufe erforderlich sind, wie etwa in der DV-Ausbildung und im Anfangs-
stadium vieler Forschungsprojekte. Deshalb eignet sich ein der-
artiges System vor allem für solche Hochschulen besonders, die
bereits über eine leistungsfähige Rechenanlage verfügen, die
von den vorgenannten Aufgaben preisgünstig entlastet werden
kann.

Diese Lösung wurde z.B. an der University of California in
Berkeley gewählt. Dort wurde das erste UNIX-System (auf der Basis von PDP-11) vor 2 Jahren installiert. Z.Zt. werden 4 Systeme,
deren Zentraleinheiten in einem Raum aufgestellt sind, betrieben.
Ein fünftes ist bereits bestellt. Die maximale Anzahl von Terminals, die an einem System im Hochschulbetrieb angeschlossen werden können, dürfte bei etwa 30 liegen. Für rechenintensive Aufgaben stehen die Großrechner des Lawrence Berkeley und des Lawrence Livermoore Laboratory zur Verfügung. Darüberhinaus verfügt
auch das Hochschulrechenzentrum selbst über eine größere Rechenanlage.

Die 5 UNIX-Systeme werden in Kürze zu einem Rechnernetz zusammengeschlossen werden. Die Hardware hierzu wird in Berkeley entwickelt. Von der Funktionstüchtigkeit des Labormodells konnte ich mich bereits selbst überzeugen. Das Netzwerk soll dazu dienen, den an einem System angeschlossenen Benutzern auch die anderen Systeme mit ihren peripheren Geräten zugänglich zu machen. Drei der Systeme werden außerdem direkt an den zentralen Rechner des Rechenzentrums angeschlossen sein, so daß auch Datenaustausch mit dem Großrechner möglich ist (für ein System bereits realisiert).

Ein weiteres Beispiel für diese Lösung sind die beiden zur Bearbeitung von Problemen in der Programmiersprache BASIC in das Datenfernverarbeitungsnetz des Triangle Universities Computation Center integrierte Satellitenrechner. Sie können von allen an das Rechenzentrum angeschlossenen Terminals angewählt werden (vgl. auch 4.2.5). Auch an der Harvard University wird ein UNIX-System mit 32 Terminals für die Ausbildung der Studenten eingesetzt.

Lösung 2) kann dort Vorteile bringen, wo neben Programmentwicklung und Programmtests auch eine gewisse Anzahl rechenintensiver Programme auf dem System abgewickelt werden soll. Diese Lösung kann sich z.B. für kleinere Hochschulen empfehlen, vor allem dort, wo sie die Möglichkeit haben, auch auf leistungsfähigere Rechner am Ort oder über ein Rechnernetz zurückzugreifen, weil dann ggf. auf einen eigenen Großrechner verzichtet werden kann.

Ein Beispiel für diese Lösung findet man an der Carnegie-Mellon-University in Pittsburgh, die im übrigen auch durch vielseitige Forschungsaktivitäten auf dem Gebiet der Informatik und insbesondere der Rechnerarchitektur große Bedeutung erlangt hat. Dort wurden innerhalb der letzten 2 Jahre nacheinander 3 derartige Systeme beschafft, an denen zusammen über 150 Terminals angeschlossen sind. Daneben stehen 2 Rechenanlagen der Lösung 1) zur Verfügung. Die ebenfalls noch vorhandenen Großrechner UNIVAC 1108 und IBM 360/67 werden in Kürze abgegeben werden.

Sofern ein Zugriff auf Großrechner oder Rechenanlagen mit besonderen Eigenschaften oder besonderer Software erforderlich ist, will man sich des EDUNET bedienen (vgl. 4.2.1). Als weiterer Vorteil beim Einsatz von im Vergleich zu Großrechnern kleineren Timesharing-Anlagen ergibt sich, daß der Ausbau der Rechenleistung wesentlich stärker an die tatsächliche Zunahme der Nachfrage angepaßt werden kann, wodurch
- die Investitionsmittel gleichmäßiger über die Zeit verteilt und ein Zinsvorteil erreicht,
- die sinkenden Preise auf dem Rechnermarkt ausgenutzt,
- die beschafften Geräte und Anlagen frühzeitiger und schrittweise erneuert werden können (wodurch die beiden vorgenannten Vorteile nochmals verstärkt werden).

Als weiteres Beispiel kann hier das LOTS (Low Overhead Timesharing)-System der Stanford University angeführt werden, das seit Anfang 1977 in Betrieb ist. Das System wird lediglich von insgesamt 4 Personen betreut. Die Studenten haben völlig freien Zugang zum System für ihre Arbeiten im Zuge der Ausbildung. Das gleiche gilt für Forschungsvorhaben, die nicht aus Drittmitteln finanziert werden. Die Gerätekonfiguration besteht aus
1 Zentralrechner mit 512 K - 36 bit-Worten (2,5 MB) Hauptspeicher
3 Plattenlaufwerken `a200 MB
1 Magnetband
3 Druckern (300 Zeilen/min)
80 Terminaleingängen.

Das System wird vor allem für Arbeiten in den Programmiersprachen FORTRAN, BASIC und PASCAL sowie für statistische Auswertungen mit dem Programmsystem SPSS, aber auch für andere Zwecke eingesetzt. Die Benutzerterminals sind überwiegend in einem Gebäude zusammengefaßt. Die Erweiterung der Anzahl der Benutzerterminals auf 80 erfolgte erst vor kurzem; zuvor waren 48 Terminals maximal an das System angeschlossen. Die Erweiterung brachte eine spürbare Verlängerung der Antwortzeiten und läßt die Grenzen solcher Systeme bezüglich der Anzahl der damit bedienbaren Benutzer erkennbar werden.

Die Lösung 3) bedarf hier keiner näheren Erläuterung. Sie
wird als Universallösung auch derzeit noch an vielen amerikanischen und nahezu ausschließlich an deutschen Hochschulrechenzentren eingesetzt. Es wäre anzustreben, daß hier den Vorteilen
der Lösungen 1) und 2) wesentlich stärkere Beachtung geschenkt
wird.

4.1.2 Computerunterstützter Unterricht (CUU) im Hochschulbereich

An den besuchten amerikanischen Universitäten wurde _ein_ Groß-
system vorgefunden, das ausschließlich dem Einsatz für CUU dient,
nämlich das PLATO-System an der University of Illinois im Urbana-
Champaign. Dieses System ist wohl einzig in seiner Art. Es soll
deshalb nachfolgend näher beschrieben werden.

Die Anfänge von PLATO gehen bis zum Jahr 1950 zurück. Aufgabe
dieses unter anderem von der National Science Foundation geför-
derten Projekts war die Entwicklung eines kostengünstigen interaktiven CUU-Systems hoher Güte. Hier mußte eine Reihe bedeutender
Neuerungen auf den Gebieten der Terminaltechnologie, der Mensch-
Maschine-Kommunikation, der Systemsoftware und der Courseware
entwickelt werden.

Bisher sind 7 Systeme ausgeliefert worden. Die meisten davon
sind bei Universitäten installiert, einige jedoch dienen auch
der beruflichen Ausbildung.

Grundlage für die Möglichkeiten und die Leistungen des Systems
ist das PLATO-Terminal, ein Datensichtgerät besonderer Art, zusammen mit den daran anschließbaren vielfältigen Spezialgeräten.
Es ist ein sogenanntes Plasma-display-Terminal.

Neben der Darstellung alphanumerischer Zeichen (126 Standard-
zeichen und 126 durch den Autor festlegbare Zeichen; Ausgabegeschwindigkeit 180 Zeichen/sec) bietet es graphische Ausgabe
(Ausgabegeschwindigkeit 60 Geradenstücke/sec) und die Darstellung von bewegten Bildern sowie die Möglichkeit, einzelne Teile
des Bildschirms zu löschen und neu zu beschreiben. Die Technik
des Bildschirms erlaubt es, dargestellte Informationen nahezu
beliebig lange zu speichern, ohne daß ein Bildwiederholungsspei-
cher zum fortlaufenden Auffrischen der Information erforderlich
wäre. Der Benutzer kann mit dem System über eine Tastatur,

aber auch durch bloßes Antippen bestimmter auf dem Bildschirm dargebotener Informationen mit dem Finger kommuni-
zieren. Es ist dadurch äußerst bedienerfreundlich. An das Terminal können angeschlossen werden:
- Diaprojektor
  (mit seiner Hilfe können die vom Rechner am Bildschirm ausgegebenen Informationen durch Abbildungen, die auf einem
  Mikrofiche gespeichert sind (max. 256 pro Fiche), hinterlegt
  werden, die z.B. Farbfotos, graphische Darstellungen, Buch-
  seiten oder erläuternde Texte enthalten
- Random-Access-Tonträger
  (mit ihm kann am Bildschirm ausgegebener Text zugleich oder
  wiederholt akustisch wiedergegeben werden (von grundlegender
  Bedeutung für die Durchführung von Sprachkursen; Speicherkapa-
  zität über 20 min. pro Tonträger))
- Musik-Synthesizer
  (er erlaubt es, mit dem System zu komponieren, wobei die Noten
  in Notenschrift auf dem Bildschirm dargestellt werden)
- Sprach-Synthesizer
  (gestattet es, in entsprechender Form eingegebene alphanumeri-
  sche Zeichen als Sprache wiederzugeben).

Derzeit stehen dem Benutzer des Systems ca. 5.000 Stunden an
Kursmaterial aus über 140 Lehrgebieten zur Verfügung. Es gibt
Programme z.B. zu den Gebieten
- Ingenieurwissenschaften (z.B. Simulation von Systemen)
- Naturwissenschaften (z.B. Durchführung von Experimenten,
  auch solcher, deren Durchführung in der Praxis mit großen
  Risiken verbunden wäre, wobei der Versuchsaufbau im Bild
  dargestellt wird und vom Experimentator im einzelnen zusammen-
  zustellen ist)
- Mathematik
- Medizin
- Biologie (z.B. Durchführung von Experimenten zur Vererbung)
- Sprachen (es steht ein eigenes Sprachlabor mit über 50 PLATO-
  Terminals zur Verfügung, das standardmäßig in den Kursen für
  Englisch, Französisch, Deutsch eingesetzt wird)
- Wirtschaftswissenschaften (z.B. Kurse in Statistik, Studium
  von wirtschaftlichen Zusammenhängen durch Simulation).

Das System verfügt daneben über Einrichtungen, um die Fehler,
Fortschritte und das Behalten der Studenten festzuhalten und
damit den Lernerfolg für den Lehrer transparent zu machen und
gezielt darauf entweder durch besondere Hilfen oder durch Anpassung des Kursaufbaus zu reagieren.

Eine wichtige Zusatzeinrichtung des Systems ist die Möglichkeit,
beliebig Nachrichten zwischen Terminals auszutauschen. Hierdurch
kann
- ein Student sich unmittelbar um Hilfe an seinen Lehrer wenden,
  der nicht einmal im Terminalraum anwesend sein muß
- ein Lehrer sich z.B. den gesamten Bildschirminhalt eines
  Studenten anzeigen lassen, um ihm weiterzuhelfen
- ein Autor sich an einen Spezialisten, etwa für Programmierung,
  wenden, der möglicherweise an einem ganz anderen Ort tätig
  ist
- ein Benutzer einem anderen Nachrichten senden, die unmittelbar auf dessen Terminal ausgegeben oder in ein für den Benutzer
  oder auch für eine Benutzergruppe gemeinsam bestehendes elektro-
  nisch geführtes "Notizbuch" eingetragen werden können.

Dies zeigt bereits, daß das PLATO-System nicht nur für CUU eingesetzt werden kann, sondern daß damit auch vielfältige andere
Anwendungen möglich sind, die derzeit auf anderen Systemen in
dieser Weise nicht geboten werden. Das System kann ebenso für
alle anderen On-line-Aktivitäten wie Simulation, Auswertung
von Daten, Informationswiedergewinnung und Textverarbeitung
eingesetzt werden.

Zur Entwicklung von Kursen steht eine eigene im Rahmen des
PLATO-Projekts entwickelte Sprache TUTOR zur Verfügung, mit
deren Hilfe ohne spezielle systemtechnische Kenntnisse Kurse
erstellt werden können.

An dem System der University of Illinois in Urbana-Champaign
sind derzeit insgesamt 1100 PLATO-Terminals angeschlossen, die
geographisch über die gesamten USA einschließlich Hawaii auf

140 Orte verteilt sind. 300 Terminals stehen im Staat Illinois,
und zwar nicht nur bei der University of Illinois, sondern
daneben bei 9 Grundschulen, 2 Highschools sowie über 80 Colleges, Universitäten, Industrie und Wirtschaftsunternehmen
und staatlichen Einrichtungen. Zur Zeit des Besuches waren
406 Terminals aktiv. Maximal können ca. 500 Terminals gleichzeitig am System arbeiten.

Weltweit gibt es derzeit 7 PLATO-Systeme, nämlich weitere 4
in den USA (2 in Minneapolis (University of Minnesota und
Control Data Coop.), 1 in Delaware, 1 an der Florida State
University in Tallahassee), 1 in Kanada (Quebec) und 1 in
Europa (Brüssel) .

Für Entwicklung und Betrieb des Systems waren zeitweilig bis
zu 100 Personen eingesetzt, derzeit sind es ca. 60 mit etwa
folgender Aufteilung:
5 Ingenieure
5 Techniker
5 Verwaltungsfachleute
5 Verwaltungsunterstützung
13 Programmierung (davon etwa die Hälfte studentische Hilfs-
   kräfte)
12 Autoren zur Erstellung von Kursmaterial
10 Sonstige.

Nach den bisherigen Erfahrungen wird die Bereitstellung eines
Terminals für je 20 Studenten an einer Hochschule empfohlen.
Als Kosten für die Bereitstellung eines Terminals einschließ-
lich Beratung werden einem Benutzer 2.600 Dollar/Jahr (ohne
Übertragungskosten) in Rechnung gestellt.

Das System selbst läuft auf einem Rechenzentrum, das mit einer
CDC Cyber 73-24 und einer CD 6500 mit 2 MW Extended Core Storage
(ECS) ausgestattet ist, die beide allein für diesen Zweck zur
Verfügung stehen. Programm und Kursmaterial werden ständig auf
Plattenspeicher gehalten und bei Bedarf in das ECS kopiert, von

wo sie zur Ausführung in den Hauptspeicher der beiden Rechen-
anlagen übertragen werden. Das System garantiert eine maximale
Antwortzeit von 0,8 sec an jedem Terminal (bis zur angegebenen
Grenze von 500 gleichzeitig aktiven Terminals).

An der University of Illinois ist das PLATO-System voll in den
laufenden Unterrichtsbetrieb in geeigneten Fächern integriert,
so z.B. in Chemie, in Sprachlehrgängen und in Wirtschaftswissenschaften. Umfragen bei den Studenten ergaben, daß sie
den Einsatz von PLATO im Unterricht als sehr positiv bewerten
und es eher begrüßen würden, wenn noch mehr Unterstützung durch
PLATO erfolgen könnte, als daß man sie verringerte. Auch Untersuchungen über das Behalten des vermittelten Wissens bei den
Studenten ergaben deutliche Vorteile gegenüber der herkömmlichen
Methode.
Das System ist in Software und Hardware in der Praxis erprobt.
Alle beschriebenen Funktionen können unmittelbar an den Geräten
und im Unterricht demonstriert werden.
Das größte Hindernis für einen noch breiteren Einsatz des
Systems dürfte derzeit vor allem in den Kosten liegen. Für
ein Terminal in der Grundausstattung ohne Zusatzgeräte sind
ca. 5.000 Dollar zu bezahlen, für das Anschlußgerät zur Ton-
wiedergabe ca. 2.000 Dollar. Die Anwendung des Systems im
Unterricht setzt außerdem auf dem Gebiet des CUU geschultes
und sachkundiges Personal voraus.

Das System wird - nicht zuletzt um das Preis/Leistungsver-
hältnis günstiger zu gestalten - fortlaufend weiter verbessert
und an die neueste technische Entwicklung angepaßt. Hier sind
vor allem zu erwähnen:
- Entwicklung eines billigeren Terminals auf der Basis eines
  Fernsehmonitors
- Entwicklung einer Off-line-Version eines Terminals, bei dem
  es möglich sein wird, den im Augenblick bearbeiteten gesamten
  Kursteil auf einer Floppy-disk zwischenzuspeichern

- Forschungen zur Spracherkennung mit anschließendem Ausdruck
  des gesprochenen Textes
- Anschluß eines 16-Ton Musik-Synthesizers, mit dem Musik
  hoher Qualität komponiert und erzeugt und anschließend in
  Notenschrift ausgedruckt werden kann
- Einsatz von PLATO für ein Bibliothekssystem mit 2 Mio Bänden
- Prüfung der Eignung neuer Speichermedien (z.B. Elektronen-
  strahlspeicher).

Für eine Übertragung des Systems auf deutsche Verhältnisse
dürfte jedoch neben der oben erwähnten Kostenfrage und der
Tatsache, daß Entwicklungen zur Verbesserung des Preis/Lei-
stungsverhältnisses noch nicht abgeschlossen sind, vor allem
erschwerend sein, daß das in den Vereinigten Staaten entwickelte umfangreiche Kursmaterial zum großen Teil nicht verwendet
werden kann und erst entsprechendes, dem deutschen Bildungssystem angepaßtes, in deutscher Sprache entwickelt werden müßte.

4.2 Rechnernetze

Der Aufbau von Rechnernetzen hat in den USA bereits eine verhältnismäßig lange Tradition. Er wurde grundlegend gefördert und beeinflußt durch Entwicklung und Aufbau des ersten funktionsfähigen Netzwerkes, des ARPA-Netzes, an das sich auch eine große Zahl von Universitäten anschloß. Man findet derzeit eine Vielzahl von Rechnernetzen verschiedenster Struktur und Organisation im höheren Bildungswesen der Vereinigten Staaten vor. Das Spektrum reicht von landesweiten Sternnetzwerken großer Ausdehnung für spezielle Anwendungen, wie das unter 4.1.2 behandelte PLATO-System, über regionale Netzwerke ohne einen zentralen Großrechner wie das Merit-Netzwerk in Michigan (vgl. 4.2.4), regionale Netzwerke mit einem zentralen Großrechner wie das TUCC (vgl. 4.2.5) bis zu dem von EDUNET angebotenen landesweiten Netzwerk (vgl. 4.2.1), in das lokale oder regionale Rechnernetze zum Teil integriert sind.

4.2.1 Educational Network (EDUNET)

EDUNET ist eine Organisation, in der Colleges und Universitäten aus allen Teilen der USA sich zur Förderung der gemeinsamen Benutzung von DV-Ressourcen zusammengeschlossen haben. EDUNET selbst verfügt weder über Rechenanlagen noch über ein Datenübertragungsnetz. Es übernimmt lediglich eine Vermittlerrolle. Als Datenübertragungsnetz wird TELENET eingesetzt, ein landesweites Paketvermittlungssystem, das von einer Privatfirma bereitgestellt wird und Kunden aus Industrie, Wirtschaft, Wissenschaft und Verwaltung bedient. EDUNET ist dabei ein vergleichsweiser kleiner Kunde. Zugang zum Netz erhält man über entsprechende Netzknoten (auf der Basis einer PDP 11), die auch an einer Reihe von Hochschulrechenzentren eingerichtet sind. Über EDUNET können Rechenanlagen von 15 Universitäten erreicht werden, den sogenannten Suppliers. EDUNET wird durch das Planning Council on Computing in Education and Research gesteuert, einer

Sonderaktivität von EDUCOM, einer gemeinnützigen Organisation, die 1964 zur Förderung der Zusammenarbeit zwischen Institutionen des höheren Bildungswesens ins Leben gerufen wurde (EDUCOM schließt z.B. auch Rahmenabkommen mit DV-Herstellern zum preisgünstigen Bezug häufig eingesetzter Geräte ab). EDUNET nahm seine Tätigkeit 1974 auf.

Dem Planning Council gehören derzeit 24 Universitäten an, unter ihnen die meisten der großen, bekannten Universitäten, und die Suppliers.
Die Kosten für eine Mitgliedschaft in EDUNET sind abhängig von der Studentenzahl der Hochschule und betragen 250 Dollar/Jahr für Hochschulen bis 1.000 Studenten und 13.000 Dollar/Jahr für Hochschulen mit über 20.000 Studenten. Auch ausländische Hochschulen können Mitglied von EDUNET werden. Sie bezahlen 250 Dollar/ Jahr.
Um die Dienste von EDUNET in Anspruch nehmen zu können, muß man nicht Mitglied sein. In diesem Fall erfolgt lediglich die Abrechnung der in Anspruch genommenen Rechenzeit über EDUNET.
Als Kosten werden die jeweiligen Kostensätze der in Anspruch genommenen Rechenzentren in Rechnung gestellt, zuzüglich 15 % für die Inanspruchnahme des Netzwerkes. Dabei wurde Übereinkunft dahingehend erzielt, daß die Hochschulrechenzentren von externen Benutzern ebenfalls einen 15 %igen Aufschlag erheben, wenn sie direkt am Rechenzentrum rechnen.

Wo werden nun die Vorteile eines solchen Rechnernetzes gesehen? Insbesondere darin, daß an einzelnen Rechenzentren Softwarepakete gekauft oder von den Anwendern entwickelt wurden, die an anderen Stellen nicht zur Verfügung stehen, jedoch von grundsätzlicher Bedeutung oder für einzelne Anwendungen von großer Bedeutung sind. Hier ist es in der Regel erforderlich, wenn die Absicht besteht, das Programmsystem auf die eigene Rechenanlage zu übernehmen, es zuvor und ggf. über längere Zeit auf seine tatsächliche Eignung für die gegebene Aufgabenstellung zu prüfen. Dies kann dann im Zugriff über das Netz erfolgen. Andererseits kann sich zeigen, daß nur wenige Programmläufe

jeweils erforderlich sind und eine Übertragung des Programm-
systems auf die eigene Rechenanlage sich gar nicht lohnt oder
in keinem Verhältnis zum erforderlichen Übertragungsaufwand
steht, da bekanntlich sogar eine Übertragung auf gleiche Anlagen mit gleichen Betriebssystemen jedoch verschiedenen Aus-
baus sich schwierig gestalten kann, nicht zu sprechen von den
Fällen, bei denen es sich um Rechenanlagen verschiedenen Typs
handelt. Nicht vergessen werden darf auch der im Falle der
Nutzung eines Fremdrechners entfallende eigene Wartungs- und
Pflegeaufwand für das Programmsystem.

Als Beispiel für solche Fälle wurde angegeben:
- TROLL, ein interaktives System zur Modellbildung für die
  Auswirkungen politischer Entscheidungen (vorhanden an der
  Cornell-University, MIT, University of Michigan)
- SPEAKEASY, ein Anwendungsprogrammsystem für statistische
  Analysen und graphische Darstellungen (vorhanden an Notre
  Dame, Rice und Yale University)
- CUU-Materialien für viele Lehrfächer in Colleges (vorhanden
  an Dartmouth College, University of Minnesota, Notre Dame
  und Stanford University).

Darüberhinaus stellt EDUNET Informationen über an einzelnen
Hochschulrechenzentren verfügbare Programme und Programmsysteme
in einer Datenbank und durch individuelle Beratung zur Verfügung.

EDUNET wird derzeit von 80 verschiedenen Institutionen aktiv
benutzt, die bereits ca. 100 Abrechnungskonten eröffnet haben.
Im Jahr 1977 wurde Rechenleistung im Wert von ca. 40.000,-
Dollar über das Rechnernetz in Anspruch genommen. Das ist noch
wenig. EDUNET rechnet damit, daß möglicherweise bis zu 5 % der
Gesamtkapazität, die von den teilnehmenden Hochschulen benötigt
wird, über das Rechnernetz in Anspruch genommen werden könnten.

4.2.2 New England Regional Computing Program (NERComP)

Ein Beispiel für eine Organisation, die ein regionales Rechnernetz zugänglich macht, ohne selbst über DV-Anlagen zu verfügen,
ist NERComP. Sie ist im Bereich der Neu-England-Staaten, das
sind die Staaten an der Atlantikküste nördlich der Stadt New
York bis zur kanadischen Grenze, tätig. Sie wurde bereits 1971
als gemeinnützige Organisation gegründet mit der Aufgabe, die
gemeinsame Nutzung von Rechenanlagen zu fördern. Sie führt
außerdem Beratungen ihrer Mitglieder durch und organisiert
Seminare. Mitglieder sind derzeit 17 Colleges, 11 Universitäten
und 4 weitere Institutionen des höheren Bildungswesens (die
großen Universitäten sind außerdem Mitglieder von EDUNET).
NERComP verfügt über 2 Mann Personal, die ausschließlich für
die Beratung der Mitgliedsinstitutionen in Fragen des Rechner-
einsatzes für Lehre und Forschung sowie Verwaltung und für die
Curriculum-Entwicklung für CUU zur Verfügung stehen. Für eine
weitergehende Beratung in DV-Angelegenheiten wurde das Academic
Computing Advisory Panel (ACAP) gegründet, das diese Beratung
gegen Bezahlung durchführt.

Über NERComP sind folgende DV-Systeme zugänglich:
- Dartmouth Time-Sharing System (DTSS) mit einem Zentralrechner
  Honeywell 66/40 Duplex (350 Terminals)
- MULTICS-System (HB 6180) und IBM 370/168 (ca. 400 Terminals)
  des Massachussetts Institute of Technology
- PDP 11/70 des Batson College (28 Terminals)
- DEC-System 20 des Wellesley College
- DEC 1050 des Bowdoin College
- IBM 370/158 der Boston University (50 Terminals)
- Cyber 74 der University of Massachussetts in Amherst (ca.
  300 Terminals)

4.2.3 New Jersey Educational Computing Network (NJECN)

4.2.3.1 Allgemeines

NJECN wurde im Jahre 1975 als eine gemeinnützige Organisation mit
der Zweckbestimmung eingerichtet, allen Institutionen des höheren
Bildungswesens im Staat New Jersey Rechenkapazität zum Selbst-
kostenpreis zur Verfügung zu stellen. Vorgängerorganisationen
reichen bis ins Jahr 1969 zurück. Um seine Aufgabe zu erfüllen,
hat NJECN Verträge über die Lieferung von Rechenleistung mit
den staatlichen Colleges (9) und Universitäten (3) abgeschlossen,
in denen sich diese verpflichten, Rechenleistung in einem bestimmten, von der jeweiligen Hochschule festgelegten Umfang
abzunehmen und, sofern die Ausgaben von NJECN dadurch und durch
Verkauf weiterer Rechenleistung an andere Einrichtungen des höheren
Bildungswesens nicht voll abgedeckt werden können, einen
höheren Beitrag an NJECN zu leisten.
Man versprach sich von der Einrichtung von NJECN - wie bei allen
Rechnernetzen, die um diese Zeit aufgebaut wurden - insbesondere
finanzielle Vorteile. Das Department of Higher Education von
New Jersey (entspricht einem Kultusministerium) gibt an, daß derzeit Mittel in der Größenordnung von 5 Mio. Dollar/Jahr durch die-
se gemeinsame Nutzung von Rechenanlagen eingespart werden.
Die öffentlichen Einrichtungen des höheren Bildungswesens in
New Jersey haben zusammen etwa 235.000 Studenten (ca.
158.000 FTE). Den größten Anteil daran hat die Rutgers University. Einzelheiten sind aus Tab. 4.2.3.1 ersichtlich.

Hochschule	Anzahl	Anzahl Studenten
Rutgers University (3 Campus)	1	49.o45
New Jersey Institute of Technology (NJIT)	1	5.774
College of Medicine and Dentistry (CMD)	1	1.382
State Colleges	9	83.o26
Community Colleges (2-Jahr-Colleges)	18	95.926
zusammen		235.153

Tab. 4.2.3.1 Studentenzahlen der staatlichen Hochschulen in New Jersey im Jahre 1977

Die privaten Universitäten (5) und Colleges (19), die NJECN ebenfalls benutzen können, und die von den Diensten z.T. auch Gebrauch
machen, haben zusammen weitere 63.88o Studenten. Die Gesamtstuden-
tenzahl für New Jersey überrascht vielleicht bei einem Vergleich
mit seiner Fläche. Jedoch ist zu berücksichtigen, daß New Jersey
eine der am stärksten urbanisierten Gegenden der USA ist.

4.2.3.2 Struktur und Ausstattung

Struktur des Gesamtsystems

An das Rechenzentrum des NJECN sind alle staatlichen Universitäten
und Colleges, 5o % der Community Colleges, 3o % der privaten
Colleges und 6o % der privaten Universitäten in New Jersey über
Terminals angeschlossen, das sind insgesamt 2/3 aller grundsätzlich benutzungsberechtigten Hochschulen.

Die Einrichtungen von NJECN können von dessen Aufgabenzuweisung
her für alle Bereiche der Hochschulen, Lehre, Forschung und
Verwaltung, eingesetzt werden. Für die einzelnen Aufgabenbereiche
ergibt sich grob das in Tab. 4.2.3.2 dargestellte Bild.
Daraus ist ersichtlich, daß die Einrichtungen von NJECN vor
allem für Aufgaben der Lehre, Forschung und Verwaltung der

Rutgers University und der staatlichen Colleges eingesetzt werden.

	DV in Lehre und Forschung	DV in der Verwaltung		
		Lohn- u. Gehaltsab- rechnung	Andere	insgesamt
Rutgers Uni- versity	überwiegend	alles	alles	alles
CMD	überwiegend	-	etwas	etwas
NJIT	etwas	-	-	-
staatliche Colleges	überwiegend	-	alles	überwie- gend
Community Colleges	etwas	-	-	-
unabhängige Colleges	etwas	-	-	-

Tab. 4.2.3.2 Inanspruchnahme von NJECN für DV-Aufgaben aus Lehre, Forschung und Verwaltung durch die verschiedenen Hochschulbereiche

Die staatlichen Universitäten und Colleges verfügen neben dem Anschluß an NJECN noch über weitere lokale Rechenkapazität (siehe auch Tab. 4.2.3.3). Die Rechenanlagen der staatlichen Colleges dienen dabei zugleich als Datenfernübertragungsanschluß zu NJECN. Aus Tab. 4.2.3.3 erkennt man, daß die lokale Ausstattung der Hochschulen mit allgemein zugänglicher Rechenkapazität sehr gering gehalten wurde. Neben diesen allgemein zugänglichen Systemen stehen insbesondere an den Universitäten noch eine Reihe von Rechenanlagen für spezielle Aufgaben bereit.

	Rechenanlage	Hauptspeichergröße (K)	Anzahl lokaler Terminalan-schlüsse	Jahr der An-schaffung	Miete (M) Kauf (K)
Rutgers University	DEC KI-1o	256	32	74	K
	HP 2ooo	32	32	74	M
	HP 3ooo	128	16	71	K
CMD	Burroughs B-35oo	9o	-	73	M
NJIT	Univac 7o-3	393	16	71	K
staatliche Colleges (18)	18 * IBM 113o	8	-	68-72	M

Tab. 4.2.3.3 Lokale, allgemeine zugängliche Rechnersysteme an den staatlichen Universitäten und Colleges in New Jersey

Geräteausstattung

Für die Durchführung seiner Aufgaben steht dem NJECN ein Doppelrechnersystem der in Tab 4.2.3.4 angegebenen Konfiguration zur
Verfügung. Dabei wird die 37o/168 ausschließlich für Batch-Aufgaben
eingesetzt. Die 37o/158 dient überwiegend interaktivem·Arbeiten
und Datenbankanwendungen. Die benutzungsberechtigten Institutionen
sind dabei über die in Tab. 4.2.3.5 zusammengefaßten Datenfernver-
arbeitungsanschlüsse mit dem Rechenzentrum verbunden. Im Vergleich
mit dem Jahr 1976 ist damit die Zahl der Stapelstationen um 17 %,
die Zahl der Terminals um 24 % gestiegen.

    IBM 37o/168 mit 4 MB Hauptspeicher, Betriebssystem OS/MVT mit
    HASP
    IBM 37o/158 mit 3 MB Hauptspeicher, Betriebssystem MVS
    mit folgender großteils gemeinsam nutzbarer lokaler Peripherie:

    14 Laufwerke Plattenspeicher á 2oo MB   (3330-II)
    1o Laufwerke Plattenspeicher á 1oo MB   (3330-I)
     3 Laufwerke Plattenspeicher á 29 MB   (2314)
    16 Laufwerke Plattenspeicher á 317 MB   (335o)
    14 Magnetbandlaufwerke 625o/16oo bpi
     2 Magnetbandlaufwerke 16oo/8oo bpi
     3 Drucker
     2 Lochkartengeräte
     1 Magnetkassettenleser
     1 Datenfernübertragungssteuersystem (COMTEN)

Tab. 4.2.3.4 Gerätekonfiguration der zentralen Rechenanlagen
des NJECN (1978)

	Stapelstationen	Terminals für interaktives Arbeiten
Rutgers University	11	225
CMD	2	26
NJIT	1	2
staatliche Colleges	12	6o
Community Colleges	3	33
private Universitäten und Colleges	6	56
andere Institutionen	5	53
NJECN (für eigenes Personal)	1	35
insgesamt	41	49o

Tab. 4.2.3.5 Datenfernübertragungsanschlüsse an den zentralen Rechenanlagen des NJECN im Jahre 1978

<u>Personalausstattung</u>
Für die Bedienung des Systems und zur Betreuung der Benutzer und
für die sonstigen Aufgaben stehen NJECN insgesamt 79 Personen zur
Verfügung von denen 26 für die Unterstützung der DV in der Verwaltung und 31 für das Operating eingesetzt sind. Der Rest verteilt
sich auf Management und Verwaltung.

<u>Aufwendungen für NJECN</u>
Im Jahre 1978 fielen für den Betrieb von NJECN Gesamtkosten von
4,46 Mio Dollar an (siehe auch Tab. 4.2.3.6). Den größten Anteil
nahmen dabei die Ausgaben für Hardware in Anspruch. Dabei ist
zu berücksichtigen, daß die Geräte zum Teil gekauft, zum
Teil geleased sind.

Kostenart	Kosten ($)	% der Gesamtkosten
Personal (einschl. Pensionsrücklagen)	1.416.9oo	32
Hardware		
Stapelstationen	2o.ooo	1,5
Zentraleinheit	1.271.4oo	28,5
Peripherie	984.2oo	22
Terminals	153.5oo	
Software	129.4oo	3
	2.458.5oo	55
Verbrauchsmaterial	133.1oo	3
Datenfernübertragungskosten	9o.ooo	2
Verwaltungsausgaben und Raummiete	362.6oo	8
Gesamtkosten	4.461.1oo	1oo

Tab. 4.2.3.6 Ausgaben für NJECS im Jahre 1978

Die folgenden Ausführungen beschränken sich auf die staatlichen
Universitäten und Colleges.

4.2.3.3 Bisheriger Betrieb

Für alle Hochschulen von New Jersey liegt aussagefähiges Daten-
material sowohl bezüglich der Inanspruchnahme des Rechnernetzes des NJECS als auch zur DV-Struktur der einzelnen teilnehmenden Hochschulen vor. Es erscheint deshalb besonders interessant, die dortigen Verhältnisse etwas näher zu betrachten.
Im folgenden ist DV-Etat jeweils der Etat des Hochschulrechenzentrums und Gesamtetat, der Etat für Lehre und allgemeine Ausgaben (Educational and General Budget), das sind in der Regel
die Zuweisungen des Landes abzüglich des Aufwandes für einige
Einrichtungen der Universitäten, die sich selbst tragen; das bedeutet andererseits, daß im Gesamtetat hier die Drittmittel, etwa
des Bundes, für Forschungsvorhaben nicht enthalten sind. Damit
ergibt sich folgendes Bild:

	1977		1978		1979		1980	
	Ausgaben in 1ooo $	%-Anteil am Gesamtetat	Ausgaben in 1ooo $	%-Anteil am Gesamtetat	Ausgaben in 1ooo $	%-Anteil am Gesamtetat	Ausgaben in 1ooo $	%-Anteil am Gesamtetat
staatliche Colleges	2.65o	2.3	2.991	2.2	3.517	2.5	3.785	2.3
Universitäten								
- CMDNJ	1.3o8	2.9	1.752	3.6	2.267	3.7	2.666	3.5
- NJIT	735	4.8	784	4.4	1.367	7.1	1.283	6.o
- Rutgers	5.o33	4.1	5.6o1	4.1	6.112	4.2	6.722	4.1
Universitäten zusammen	7.o75	3.9	8.137	4.o	9.746	4.3	1o.671	4.1
insgesamt	9.725	3.2	11.128	3.3	13.263	3.6	14.456	3.5

Tab. 4.2.3.7 Ausgaben für die Hochschulrechenzentren in den Studienjahren 1977 - 80 und prozentualer Anteil am Gesamtetat für Lehre und allg. Aufgaben der Hochschulen

Anteil des DV-Etats am Gesamtetat

In den Jahren 1976 - 79 betrugen die durchschnittlichen Aufwendungen
für die Bereitstellung von Rechenkapazität bei den staatlichen
Colleges 2,3 % des Gesamtetats, bei den Universitäten 4,1 %.
Der höhere Anteil bei den Universitäten ist auf den stärkeren
Einsatz der DV in der Forschung zurückzuführen. Der DV-Einsatz im
Hochschulbereich ist demnach als ein wichtiger Kostenfaktor anzu-
sehen (näheres siehe Tab. 4.2.3.7).

Trend des DV-Etats und des Verhältnisses DV-Etat zum Gesamtetat

Der DV-Etat steigt trotz des auf dem DV-Markt zu beobachtenden
Preisverfalles sowohl bei den staatlichen Colleges wie bei den
Universitäten von Jahr zu Jahr an. Er erreicht bei den 3 staatlichen
Colleges, die DV einsetzen, im Studienjahr 1979 3,5 Mio. Dollar,
bei den 3 Universitäten 9,75 Mio. Dollar.
Der Anteil des DV-Etats ist bei den staatlichen Colleges etwa gleich-
bleibend mit leicht steigender Tendenz. Das gleiche gilt für die
größte Universität, die Rutgers University. Hingegen steigt der DV-
Etat im Verhältnis zum Gesamtetat bei den beiden anderen Universitäten kräftig an. Die Ursache liegt in der Beschaffung einer
eigenen Rechenanlage (IBM 370/145) für die Klinikverwaltung
und einer neuen Zentraleinheit für NJIT. Beide Maßnahmen dienen in
gewisser Weise einer Dezentralisierung der Rechenleistung. Der
DV-Etat des NJIT wird dadurch in der Spitze 7,1 % des Gesamtetats dieser Universitäten erreichen. Insgesamt gesehen steigen
die Aufwendungen für die Datenverarbeitung überproportional
gegenüber anderen Ausgaben der Hochschulen an (näheres siehe
Tab. 4.2.3.7 und Tab. 4.2.3.8).

Zunahme gegenüber 1977 in %	1978	1979	1980
Gesamtetat	12	22,3	37,6
DV-Etat	14,4	36,4	48,6

Tab. 4.2.3.8 Prozentuale Zunahme des Gesamtetats für Lehre und
allgemeine Aufgaben und des Etats der Hochschulrechenzentren der staatlichen Hochschulen New
Jerseys in den Jahren 1978 - 1980 gegenüber 1977

Anteil der Ausgaben für von NJECN bezogene Rechenleistung am DV-Etat der Hochschulen

In den Jahren 1976 - 79 floß vom DV-Etat der staatlichen Colleges und Universitäten durchschnittlich der gleiche Anteil, nämlich 33,8 %, an NJECN für von dort bezogene Rechenleistung. Allerdings nimmt der Anteils des DV-Etats, der für diesen Zweck angesetzt wird, ab. Genau betrachtet bleiben die Aufwendungen für NJECN absolut gesehen etwa konstant, während die Ausgaben der Hochschulen für DV allgemein, zum Teil sogar kräftig, steigen. Hieraus sollte jedoch nicht voreilig der Schluß gezogen werden, daß die zentralen Rechner im Netzwerk zugunsten von unmittelbar an den Hochschulen installierten Rechenanlagen aufgegeben werden sollen; insgesamt fließen immer noch beträchtliche Mittel für die Inanspruchnahme der zentralen Rechner, nämlich ca 4 Mio Dollar jährlich. Des weiteren ist zu berücksichtigen, daß die von den staatlichen Colleges und Universitäten für NJECS bereitgestellten Mittel vom Studienjahr 1977 auf 1978 um 22,3 % gestiegen sind und sich nun auf diesem Niveau für einige Zeit zu stabilisieren scheinen.
Doch ist ohne Zweifel eine gewisse Tendenz zu erkennen, zumindest jetzt und für die nächste Zeit die für notwendig erachteten DV-Etatsteigerungen dem Ausbau der Rechenkapazität an den einzelnen Hochschulen zugute kommen zu lassen (näheres siehe Tab. 4.2.3.9).

	1977		1978		1979		1980	
	Ausgaben in 1000 $	%-Anteil am DV-Etat	Ausg. in 1000 $	%-Anteil am DV-Etat	Ausgaben in 1000 $	%-Anteil am DV-Etat	Ausg. in 1000 $	%-Anteil am DV-Etat
Staatliche Collegs	877	33.1	1.102	36,8	1.116	31.7	1.200	31.7
Universitäten								
. CMDNJ	160	12,2	305	17.4	236	10.4	135	5.1
. NJIT	174	23.7	159	20.3	200	14.6	150	11.7
. **Rutgers**	1.080	41.3	2.466	44	2.500	40.9	2.500	37.2
Universitäten zusammen	2.414	34.1	2.930	36.0	2.936	30.1	2.785	26.1
insgesamt	3.291	33.8	4.032	36.2	4.052	30.6	3.985	27.6

Tab. 4.2.3.9 Ausgaben der Hochschulen für das gemeinsame Rechnernetz des NJECN in den Studienjahren 1977-80 und prozentualer Anteil am Etat der Hochschulrechenzentren

<u>Aufteilung der DV-Ausgaben auf die einzelnen Bereiche</u>

Die Hochschulrechenzentren werden zur Abwicklung aller geeigneten
Aufgaben aus den Bereichen Lehre, Forschung und Verwaltung eingesetzt. Eine gewisse Ausnahme bildet das Klinikum, daß aus ver-
ständlichen Gründen die DV-Ausgaben fast ausschließlich für Verwaltungsaufgaben einsetzt. Sehr hoch ist der Anteil der Ausgaben
für Verwaltungsaufgaben auch bei den staatlichen **Colleges mit 62,2 %**
der Gesamtausgaben. Überraschend im Vergleich mit deutschen Ver-
hältnissen ist, daß etwa 1/3 der Ausgaben der Lehre zugute kommen
und überhaupt die Bereiche Lehre und Verwaltung zusammen weitaus
überwiegen (siehe auch Tab. 4.2.3.1o).

DV-Etat-Anteil des Bereiches Hochschulart (staatlich)	Lehre	Forschung	Verwaltung
Colleges	33,9	3,9	62,2
Universitäten			
NJIT	47,o	6,o	47,o
Rutgers	4o,2	26,8	22,4
CDMNJ	1,5	13,5	85,o
Universitäten insges	32,1	21,5	46,4

Tab. 4.2.3.1o Anteil der Bereiche Lehre, Forschung und Verwaltung an den Ausgaben der Hochschulrechenzentren im Studienjahr 1977

<u>Aufteilung der DV-Kosten</u>

Die Aufteilung der DV-Kosten ist in Tab. 4.2.3.11 dargestellt.
Daraus ist ersichtlich, daß bei den staatlichen Universitäten
und Collegs nur ein sehr geringer Teil der Kosten durch Ausgaben
für die Hardware verursacht wird (11,5 % bzw. 17 %). Den größten
Anteil stellen die Personalkosten mit 38,2 % bzw. 4o,8 % dar.
Wie bereits oben erwähnt, wird etwa ein Drittel der Ausgaben
für den Ankauf von Fremdrechenzeit (bei NJECN) aufgewendet.

Ausgabeart Hochschulart (staatliche)	Personal	Hardware	Ankauf von Diensten	Andere
Colleges	4o,8	17,o	33,o	9,2
Universitäten	38,2	11,5	35,8	14,6

Tab. 4.2.3.11 Anteil der einzelnen Ausgabearten an den Ausgaben
der Hochschulrechenzentren im Studienjahr 1977

<u>DV-Nutzung durch den Lehrkörper der Hochschule</u>

An den Universitäten setzt etwa jedes 2. Mitglied des Lehrkörpers
Datenverarbeitung für seine Aufgaben ein. An den staatlichen Colleges
ist der Anteil wesentlich geringer. Das Verhältnis beim Vergleich
der beiden Hochschularten liegt etwa bei 1o : 1. Auch die Nutzung
der DV-Einrichtungen je Mitglied des Lehrkörpers, das DV einsetzt,
ist bei den Universitäten wesentlich höher: Es werden etwa um
5o % mehr Batch-Jobs gerechnet und es fallen etwa 25 % mehr Terminal-
anschaltstunden an. Die genauen Daten sind in Tab. 4.2.3.12 zusammengestellt.

Hochschulart (staatlich)	Mitglieder des Lehrkörpers		jährliche DV-Benutzung v. DV-anwendenden Mitgliedern des Lehrkörpers	
	Gesamt-zahl	DV-An-wender	Anzahl Batch-Jobs	Anschaltstunden
Colleges	3614	156	27,7	14,1
Universitäten	3905	1627	41,1	17,7

Tab. 4.2.3.12 Nutzung der DV-Einrichtungen der Hochschulen durch
die Mitglieder des Lehrkörpers im Studienjahr 1977

Diese Werte erscheinen insbesondere für überschlägige Planungszwecke
sehr interessant, wenn sie auch jährlichen Schwankungen unterworfen
sein dürften. Ähnliche Untersuchungen sind von deutschen Hochschulrechenzentren bisher nur für die in Nordrhein-Westfalen und dort
nur für die benötigte Zentralprozessorzeit für das Jahr 1973 *) bekannt geworden; das gleiche gilt für die nachfolgend wiedergegebenen
Werte für die DV-Nutzung durch Studenten.

<u>DV-Nutzung durch die Studenten der Hochschulen</u>
Auch mehr Studenten an den Universitäten setzten DV ein als an den
staatlichen Colleges. Der Unterschied ist hier jedoch nicht so
stark ausgeprägt wie bei den Mitgliedern des Lehrkörpers. Hier bewegt sich das Verhältnis in den beobachteten beiden Jahren 1976 -
1977 bei 3,6 : 1; an den Universitäten benützte etwa jeder dritte
Student die DV-Einrichtungen (siehe hierzu auch Tab. 4.2.3.13).

Hochschulart (staatlich)	Studenten			jährl. DV-Belastg. je DV-anwendenden Studenten	
	Gesamt-zahl	dav.DV-An-wender	%	Anzahl Batch-Jobs	Anschalt-stunden
Colleges (8)	80701	7583	9	16.2	4.9
Universitäten	53428	17804	33	26.6	6.1

Tab. 4.2.3.13 Nutzung der DV-Einrichtungen der staatlichen Hochschulen durch Studenten im Studienjahr 1976
*) siehe ADV-Gesamtplan für die Hochschulen des Landes Nordrhein-
Westfalen bis 1930. Der Minister für Wissenschaft und Forschung
des Landes Nordrhein-Westfalen (1975)

<u>4.2.3.4 Organisation des Rechnernetzes</u>

NJECN wird durch ein Board of Directors geleitet, dessen Mitglieder durch die benutzungsberechtigten Institutionen ernannt werden (zur Sitzverteilung siehe Tab. 4.2.3.14). Das Board tritt monatlich zusammen.

Hochschule	Anzahl Sitze
Universitäten	
Rutgers	6
CMD	1
NJIT	1
staatliche Colleges	2
private Colleges	1
Department of Higher Education	1
(ohne Stimmrecht)	
	13

Tab. 4.2.3.14 Sitzverteilung im Board of Directors des NJECN

Zur Beratung bei Betrieb und Planung für das Rechenzentrum hat das Board eine Kommission mit jährlich neu zu berufenden Mitgliedern aus den angeschlossenen Hochschulen eingerichtet.
Die Geschäftsführung liegt in den Händen eines (Executiv-)Direktors. Er wird von einer Reihe weiterer Kommissionen beraten, und zwar:

- Kommission der Leiter der Hochschulrechenzentren der angeschlossenen Hochschulen mit Zuständigkeit für Prognose und Rechenzeitverteilung. Die Kommission tritt einmal monatlich zusammen.
- Akademisch-technische Kommission mit Benutzern aus dem akademischen Bereich zur Abgabe von Empfehlungen für die Unterstützung und Weiterentwicklung des DV-Einsatzes in Forschung und Lehre. Sie behandelt insbesondere auch die Planung von Dienstleistungen für

die Benutzer dieses Bereiches, die Beschaffung von Programmen
und Fortbildungsveranstaltungen für Mitglieder des Lehrkörpers.
Die Kommission tritt monatlich zusammen.
- Kommissionen für DV in der Verwaltung, und zwar für
  - Studentenverwaltung
  - Haushalts-, Kassen- und Rechnungswesen.

4.2.3.5 Planungen

Die Rechenanlagen IBM 1130, mit denen die staatlichen Colleges
ausgerüstet sind, wurden ab den Jahren 1968 - 72 angemietet. Sie
werden als RJE-Stationen zu NJECS und für kleine lokale
Batch-Aufgaben eingesetzt. Sie werden 1979 durch neue
Minicomputer ersetzt werden. Die Ausschreibung wurde Ende
1978 durchgeführt. Diese Minicomputer sollen den staatlichen
Colleges die Möglichkeit geben, mehr Aufgaben im eigenen Rechenzentrum abzuwickeln als bisher. Insofern wird auch hier die mit
dem Schlagwort "distributed processing" gekennzeichnete Entwicklung sich auswirken.
Zugleich plant jedoch NJECS eine Erweiterung des Hauptspeichers der
IBM 370/168 um 1MB und die Beschaffung eines Zusatzprozessors für
die IBM 370/158.
Hier muß jedoch das bereits oben angedeutete Problem der Finanzierung gelöst werden (die Trägerhochschulen möchten die Beiträge
zu NJECS möglichst auf dem jetzigen Stande konstant halten).

4.2.4 Das Merit-Netzwerk

4.2.4.1 Allgemeines

Erste Überlegungen, ein Rechnernetz zwischen den drei größten
Universitäten im Staat Michigan, der Michigan State University
(MSU), der University of Michigan (UM) und Wayne State University (WSU), aufzubauen, gehen auf das Jahr 1966 zurück. Damals
wurde eine interuniversitäre Kommission für Informationssysteme
gegründet. Im Jahr 1972 wurde Merit mit Hilfe des Staates
Michigan und der National Science Foundation als eigenständige Organisation geschaffen. Der laufende Betrieb wird von MSU,
UM und WSU getragen mit zusammen ca. 125.000 Studenten und
3.700 Mitgliedern wissenschaftlichen Personals. Daneben können
weitere Hochschulen die angebotenen Dienste des Netzes in Anspruch nehmen.

Die Vorteile, die das Netz den Benutzern bietet, hängen auch
von der speziellen Struktur des Systems ab. Das Netz ist u.a.
dadurch gekennzeichnet, daß es drei Großrechenanlagen enthält,
die jede für sich zur Bearbeitung genau abgrenzbarer Probleme
besonders geeignet ist, nämlich
- für numerische und wissenschaftliche Berechnungen mit erhöh-
  ter Genauigkeit die Wortmaschine großer Wortlänge an der MSU
  (CDC 6500)
- für FORTRAN, BASIC, SPSS und PASCAL mit erweiterten Funktionen ebenfalls die Rechenanlage an der MSU
- für Verarbeitung großer Datenbanken und Einsatz des interaktiven Statistiksystems MIDAS die Rechenanlage der UM
  (Amdahl 470/V6 mit dem an der UM entwickelten Betriebssystem
  MTS (Michigan Terminal System))
- für Druckausgabe hoher Qualität und Verfügbarmachung verschiedener Programmprodukte des Betriebssystems OS das Rechenzentrum der WSU (IBM 360/67 duplex und Amdahl 470/V6 mit Betriebssystem VM/MVS; dort können auch niedrige Kostensätze
  in den Abend- und Nachtstunden ausgenutzt werden)

Die an das Rechnernetz angeschlossenen Rechenanlagen werden
für Aufgaben der Lehre und Forschung eingesetzt. Für die Verwaltung sowie für die Kliniken stehen eigene Rechenzentren
zur Verfügung.

4.2.4.2 Aufbau, Struktur und Leistungen

Die wichtigsten Entwurfsziele für das Netz waren:
- Größtmögliche Flexibilität für den Benutzer
- Einfache Verbesserungs und Erweiterungsmöglichkeiten
  des Systems ohne Störung des laufenden Betriebs
- Für den Benutzer sollten die Netzwerkfunktionen wie Er-
  weiterungen des Betriebssystems der jeweiligen eigenen
  Rechenanlage erscheinen.
Diese Anforderungen führten zur Auswahl des folgenden System-
konzepts:
- Keine unmittelbare Kanal-Kanalkoppelung der einbezogenen
  Rechenanlagen, sondern Einsatz von Kommunikationsrechnern
  (CC), die als Interface zwischen den Rechenanlagen und dem
  Netz dienen und gleichzeitig Paketvermittlungsknoten sind
- Verbindung der CC´s über Modems durch gemietete Telefon-
  leitungen
- Speziell angefertigte Interfaces zwischen CC´s und Rechen-
  anlagen, die parallele Übertragung von Daten aus und in den
  Hauptspeicher der CC´s ermöglichen, Wortlängenanpassungen
  vornehmen und durch multiple Adreßeinrichtungen das Multi-
  plexen der Benutzeraufträge vereinfachen und damit den er-
  forderlichen Softwareaufwand an den Rechenanlagen für die
  Unterstützung der Netzwerksfunktionen verringern.

Der Aufbau des Merit-Rechnernetzes ist in Abb. 4.2.4.1 wiedergegeben. Die Entfernungen und die Übertragungsgeschwindigkeit
der Leitungen sind dabei wie folgt:

Hochschulen	Entfernung in km	Übertragungsgeschwindig- keit in Baud
UM - MSU	87	4800
UM - WSU	56	9600
MSV - WSV	123	4800

Der Aufbau der Kommunikationsrechner (CC´s) ist aus Abb. 4.2.4.2
ersichtlich. Die Rechner selbst sind PDP 11/20 mit 28 K 16 bit-
Worten. Sie haben virtuelle Verbindungen, um die tatsächlich
vorhandenen Leitungen zu multiplexen, Nachrichten von den beteiligten Rechenanlagen zur Weiterleitung an das Netz entge-
genzunehmen, Nachrichten von anderen CC´s zu empfangen und an
die eigenen oder die anderen Rechananlagen im Rechnernetz wei-
terzugeben und lokale Wählanschlüsse zu bedienen. Über die
asynchronen Interfaces können bis zu 32 lokale Wählanschlüsse
bedient werden.

An dieser Stelle erscheint ein kurzer Vergleich mit dem bekannten
ARPA-Netz angezeigt, dem ersten verwirklichten Paketvermittlungs-
netz überhaupt. Es gibt folgende wesentlichen Unterschiede:
- Die Rechenanlagen im ARPA-Netz sind bit-seriell an das Netz
  angeschlossen, bei Merit parallel
- Für jede angeschlossene Rechenanlage wurde die Aufteilung der
  Netzunterstützung auf Rechner, Interface und CC möglichst
  vorteilhaft an die Struktur der jeweiligen Rechenanlage angepaßt,
  um die erforderliche Software außerhalb der Rechenanlage zu
  minimieren und die Daten möglichst effizient und schnell zu
  übertragen. Dabei wurde in Kauf genommen, daß Interface und
  Software aufwendiger werden konnten.

Für den Benutzer stehen folgende Betriebsarten zur Verfügung:
1) <u>Interaktives Arbeiten über Rechner-Rechner-Verbindung</u>

   Dies war die erste Betriebsart, die bereits 1972 zur Verfügung gestellt wurde. Hierbei wird über die lokale Rechenanlage eine Verbindung zu einer anderen Rechenanlage des

Rechnernetzes hergestellt. Anschließend kann der Benutzer
beliebig mit der lokalen und der entfernten Rechenanlage
interaktiv verkehren und dabei
. Datenbestände von einer Rechenanlage in die andere
  kopieren,
. Programme auf einer Rechenanlage mit Eingabedaten aus
  dem einen oder dem anderen Rechner laufen lassen und die
  Ergebnisse auf jedem der beiden Rechner ausgeben,
. auch bei der Arbeit mit dem entfernten Rechner die
  Konventionen für die Bedienung des lokalen Terminals
  benutzen, an die er gewohnt ist.

2) <u>Netz-Batch</u>

Bei dieser Betriebsart kann ein Programmlauf an jeder der an
das Netz angeschlossenen Rechenanlagen zur Ausführung und Ausgabe der Ergebnisse an jeder der anderen Rechenanlagen oder
einer Kombination von ihnen angestoßen werden (Beispiel:
Ausgabe einer an WSU gespeicherten Text-Datei auf einem
Drucker der UM). Bei Übertragungsstörungen stellt das Netzwerk durch automatisches Wiederholen sicher, daß die Übertragung fehlerfrei erfolgt.

3) <u>Datenaustausch zwischen Prozessen</u>

Hierbei können Programme parallel oder nacheinander auf
einer oder mehreren der angeschlossenen Rechenanlagen ablaufen und Daten miteinander austauschen.

4) <u>Direktzugriffe zum Rechnernetz über die CC's</u>

Diese Betriebsart erlaubt es, unmittelbar vom lokalen CC
aus die Leistungen des Rechnernetzes in Anspruch zu nehmen,
ohne daß die lokale Rechenanlage verfügbar sein muß. Diese
Betriebsart wurde 1975 verwirklicht und wird durch das Programmsystem Hermes unterstützt, das auf jeder der angeschlossenen Rechenanlagen installiert ist.

5) <u>Externer Zugriff zum Rechnernetz</u>

Diese Betriebsart ermöglicht die Benutzung des Merit-Netzes
über das weltweite TELENET. Sie wurde Ende 1976 verfügbar gemacht.

4.2.4.3 Bisheriger Betrieb

Seit der Inbetriebnahme des Rechnernetzes hat sich die Inanspruchnahme der Leistungen jedes Jahr nahezu verdoppelt. Dies drückt
sich aus in:
- der Zahl der erfolgreich hergestellten Netzverbindungen
- der in Anspruch genommenen Anschlußzeit als der Anzahl von
  Stunden, während der erfolgreich hergestellte Netzverbindungen aufrechterhalten wurden
- den übertragenen Zeichenmengen während der erfolgreich hergestellten
  Netzverbindungen
- dem Umfang der auf den anderen Rechenanlagen des Rechnernetzes
  von den Benutzern einer Universität in Anspruch genommenen Rechenleistung (gemessen in Dollar) sowie dem Umfang der insgesamt
  von Programmen, die das Rechnernetz benutzten, verbrauchten
  Rechenleistung.
Zahlenmäßig sind die Verhältnisse in Tab. 4.2.4.1 festgehalten.
In Abb. 4.2.4.3 ist die verbrauchte Anschaltzeit, in Abb. 4.2.4.4
die in Anspruch genommene Rechenzeit auf Dollarbasis jeweils bezogen auf ein Monat seit Bestehen des Rechnernetzes graphisch
dargestellt.

| Haushaltsjahr | | | | | | |
Kenngröße	1972-73	1973-74	1974-75	1975-76	1976-77	1977-78[+]
1.Maß für Übertragungskapazität						
Anzahl der Benutzer	1.176	1.716	2.287	4.596	5.43o	7.275
Verbindungen	9.o65	11.959	18.351	38.282	87.546	77.581
Kilopackets[++]	1.831	2.65o	4.o83	8.476	19.829	18.369
übertragener Megabytes	72	1o2	171	4o5	88o	811
Anschlußzeit (Stunden)	1.696	2.1o1	3.3o3	9.575	25.813	27.116
2.Maß für Benutzeraktivitäten						
ausgetauschte Rechenleistung (Dollar)	35.245	51.931	58.463	67.242	137.445	68.9o6
Benutzung der Host-Rechner (Dollar) (Daten nur von UM u. WSU)				17o.792	331.974	236.265

+) nur Halbjahreszahlen

++) packet ist z.B. Inhalt einer Lochkarte, Schnelldrucker oder Bildschirmzeile, max jedoch 24o Byte

Tab. 4.2.4.1 Statistische Daten zum bisherigen Betrieb des Merit-Netzwerks

4.2.4.4 Organisation

Merit Inc. ist eine gemeinnützige Organisation, die keinen Gewinn erwirtschaftet. Sie wird von einem Board of Directors geleitet, das gegenwärtig aus je einem Vertreter der drei Universitäten UM, MSU, WSU besteht (Mitglied der UM ist z.B. der Vice-President for

Research). Er hat die Aufgabe die generelle Politik festzulegen,
die erforderlichen Mittel für Entwicklung und Betrieb des
Rechnernetzes bereitzustellen, den Direktor von Merit Computer Netwc
vorzuschlagen und seine Geschäftsführung zu überwachen.

Der Direktor verfügt über einen Stab von 4 Mitarbeitern. Sie sind
alle Mitglieder der UM. Merit Computer Network entspricht in
seiner Stellung innerhalb der UM etwa dem einer Forschungsgruppe.
Der Direktor wird außerdem auf jedem Campus durch stellvertretende
Direktoren unterstützt, die für diese Funktion während eines
gewissen Teils ihrer Arbeitszeit eingesetzt sind, sowie durch ein
Beratungsgremium, das aus ihm selbst, den stellvertretenden
Direktoren jedes Campus und den Rechenzentrumsleitern der angeschlossenen Universitäten besteht.

Derzeit stehen Merit Computer Network 180.000 Dollar/Jahr, davon
ca. 120.000 Dollar für Gehälter, zur Verfügung. Im Durchschnitt
der letzten Jahre waren es jeweils 150.000 Dollar.
Derzeit werden die erforderlichen Mittel von UM, MSU, WSU zu je
einem Drittel aufgebracht.

Für die Gestaltung der Gebührensätze für die Inanspruchnahme
der Leistungen aus dem Rechnernetz ist das jeweilige Rechenzentrum bzw. die Universität verantwortlich, der der Benutzer
angehört. Auch die Inrechnungstellung der Gebühren erfolgt
durch die Universität des Benutzers. Auf diese Weise wird erreicht, daß ein Benutzer bei der Inanspruchnahme von Rechenleistung nur einen Gesprächspartner, nämlich sein Hochschulrechenzentrum, hat. Eine Verrechung von Rechenleistung der
Universitäten untereinander erfolgt nicht, sofern der Wert
20.000 Dollar/Jahr nicht übersteigt. Darüberhinausgehende
Inanspruchnahme muß nach den Gebührensätzen des jeweiligen
Rechenzentrums erstattet werden. Bis 1976/77 trat dieser Fall
nicht auf. In diesem Haushaltsjahr mußte jedoch eine Universität 40.000 Dollar an eine andere bezahlen.

4.2.4.5 Erfahrungen aus dem bisherigen Betrieb

Der bisherige Betrieb hat vor allem folgendes gezeigt:
- Der Aufbau eines Rechnernetzes der angegebenen Struktur ist
  technisch möglich und das Rechnernetz kann einen zuverlässigen,
  effizienten und kontinuierlichen Betrieb gewährleisten.
- Der Netzwerksbetrieb wird von den Benutzern angenommen. Die
  über das Netz inanspruchgenommene Rechenleistung steigt fortlaufend und in erheblichem Umfang. Auch Benutzer von außerhalb
  der drei Trägeruniversitäten nehmen zunehmend Leistungen in
  Anspruch.
- Für ein gutes Funktionieren eines Rechnernetzes ist eine entsprechende Organisation unter Einbeziehung aller Trägeruniversitäten und eine fortlaufend gute Information der Benutzer über
  die Leistungen und die Möglichkeiten des Rechnernetzes sowie
  seinen Betrieb und Veränderungen erforderlich. Letztere kann
  erfolgen durch die Bereitstellung von Informationsmaterial an
  allen angeschlossenen Rechenzentren über das Netz selbst sowie
  die weiteren Rechenzentren, über Auskunftsprogramme, die vom
  Terminals zugänglich sind, durch Beratung durch Fachleute an
  jedem Rechenzentrum und durch den zentralen Stab sowie durch
  Schulungskurse, die an den beteiligten Universitäten abgehalten
  werden.
- Für den Anfang hat sich bewährt, daß bezüglich der Abrechnung
  zwischen den Universitäten der erwähnte Puffer von 2o.ooo Dollar/
  Jahr eingerichtet wurde. Dadurch wird vermieden, daß die
  beteiligten Hochschulen aus finanziellen Erwägungen davon abgehalten werden, überhaupt erste Erfahrungen mit dem Einsatz eines
  Rechnernetzes zu machen.
- Der Betrieb ist fortlaufend zu verbessern und weiterzuentwickeln.

<u>4.2.4.6 Planungen</u>

Die Planungen für die Weiterentwicklung des Rechnernetzes sehen vor:
- Verbesserung des Betriebsverhaltens durch Vereinfachung der
  Kontrolle der Leistungen des Rechnernetzes durch den Benutzer,
  Erhöhung der Datenübertragungsraten und Erweiterung der Betriebs-
  arten
- Verbindung zwischen Merit und Telenet über eine X.25-Schnittstelle
- Prüfung eines Anschlusses an TYMNET und möglicherweise andere
  Netze
- Prüfung des Anschlusses weiterer Universitäten und Colleges an
  das Rechnernetz entweder durch Benutzung eines der bereits im
  Rechnernetz befindlichen Hochschulrechenzentren und des dorti-
  gen CC oder über einen ĈC, der nicht an eine Rechenanlage un-
  mittelbar angeschlossen ist oder auch durch Einbeziehung weiterer Hochschulrechenzentren.

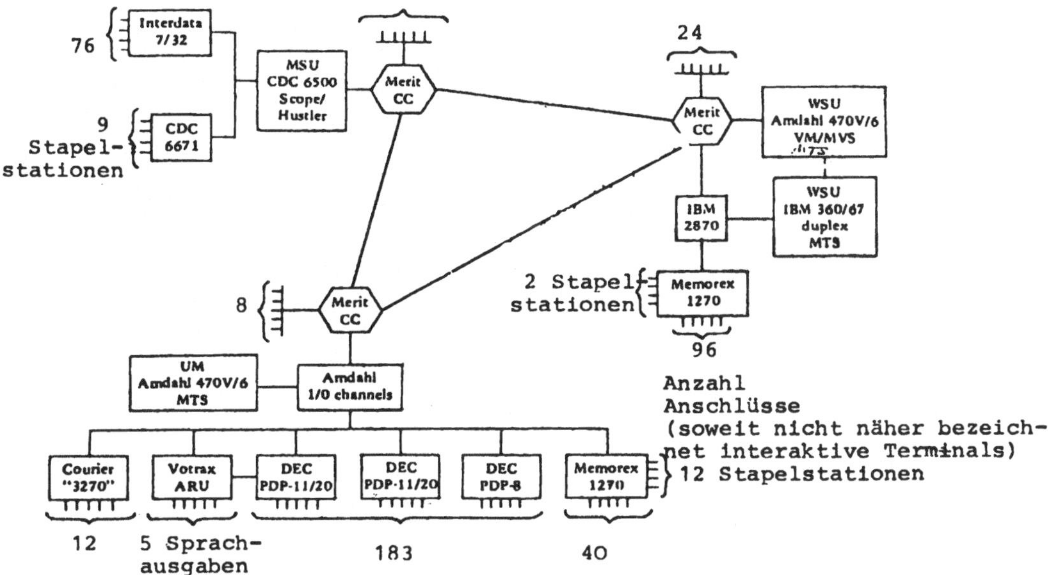

Abb. 4.2.4.1 Aufbau des Merit-Rechnernetzes

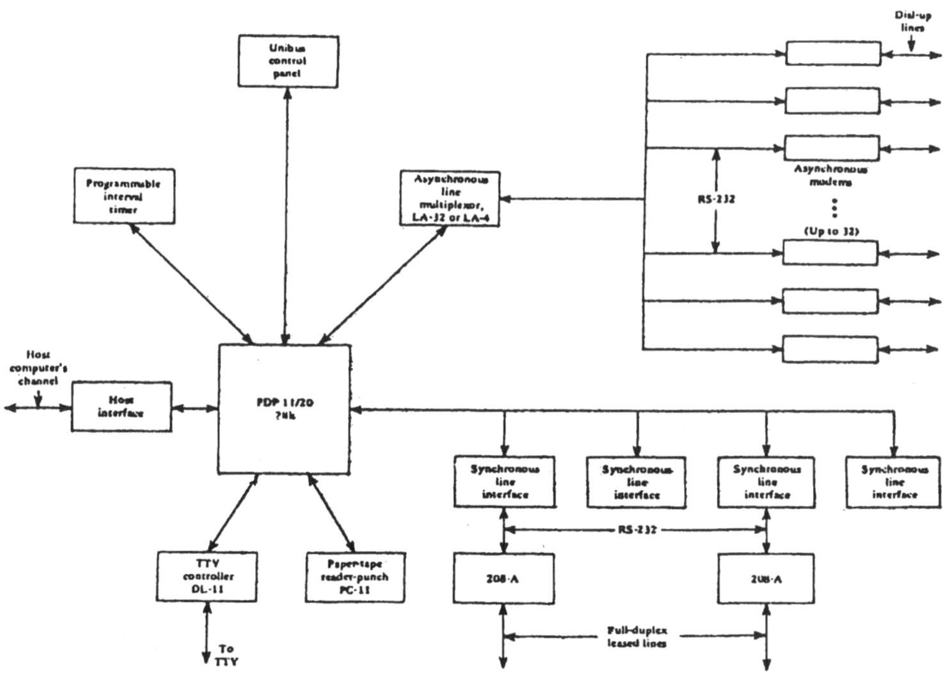

Abb. 4.2.4.2 Aufbau der Kommikationsrechner (Merit-CC)

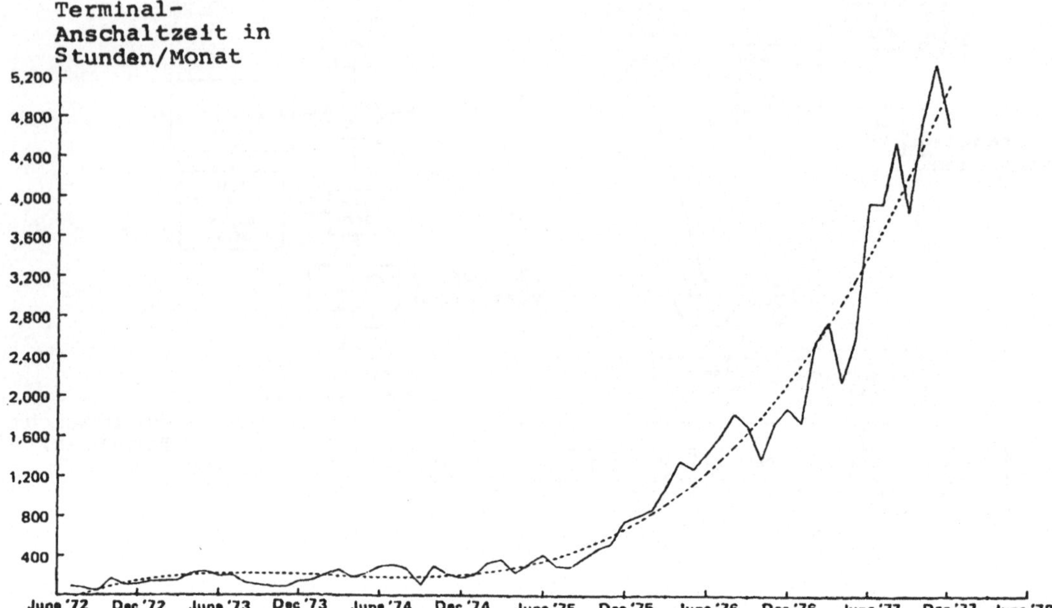

Abb. 4.2.4.3 Verbrauchte Terminal-Anschaltzeit in Stunden/Monat
seit Bestehen des Merit-Rechnernetzes

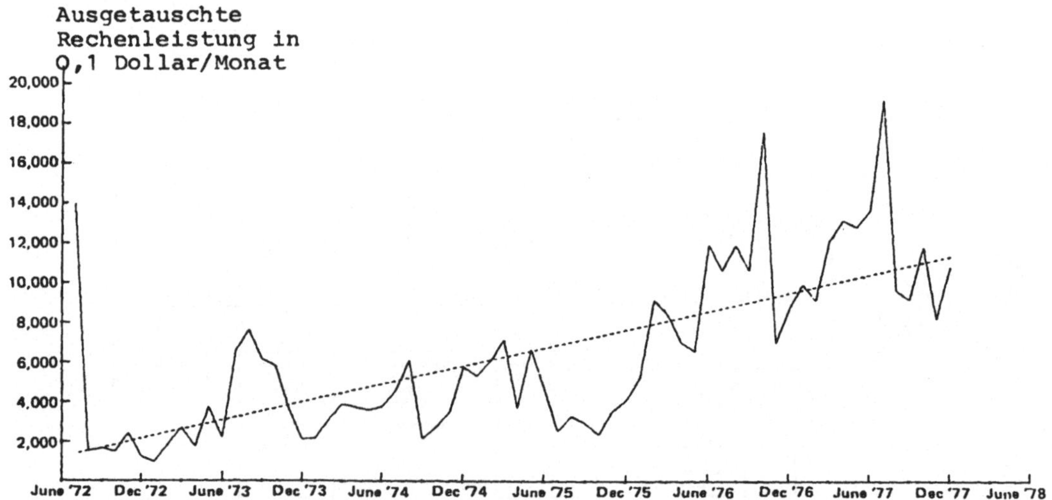

Abb. 4.2.4.4 Über das Merit-Rechnernetz ausgetauschte Rechenleistung
in 0,1 Dollar/Monat

4.2.5 Das Triangle Universities Computation Center (TUCC)

4.2.5.1 Allgemeines

Im Jahre 1954 waren die drei Universitäten North Carolina State
University (NCS), University of North Carolina (UNC) und Duke
University (DU) an der Leistungsgrenze ihrer damaligen Rechenanlagen der ersten Generation (Elektronenröhren) angelangt und
sahen sich dem Problem gegenüber, die veralteten Anlagen zu
ersetzen. Eine Rechenanlage zu beschaffen, die den erwartenen
Anforderungen genügte, ging über die finanziellen Möglichkeiten
der einzelnen Universitäten hinaus. Aus diesem Grund richtete
das North Carolina Board of Higher Education eine DV-Berater-
gruppe ein, die den Rechnereinsatz untersuchen und Empfehlungen
für die zukünftigen Erfordernisse abgeben sollte. Im Abschluß-
bericht wurde festgestellt, daß es am wirtschaftlichsten sei,
ein gemeinsames Rechenzentrum für die drei Universitäten zu errich-
ten, das zugleich für Lehrveranstaltungen zur Einführung in die
DV an den weiteren Schulen und Colleges des Landes eingesetzt
werden könnte.
Als Vorteil erwartete man im einzelnen:
- kostengünstige Versorgung der angeschlossenen Universitäten
  mit Rechenleistung
- Zentralisierung der Programmentwicklung und damit Erhöhung des
  Service für die Benutzer bei geringen Kosten
- Förderung des Austausches von Systemprogrammen und Ideen
  zwischen den Universitäten
- günstigere Ergebnisse bei Preisverhandlungen mit DV-Herstellern
  und Möglichkeit eines unbürokratischen Verkaufs von Rechenzeit
  nach außerhalb durch Organisation in Form einer privaten Gesellschaft.
Dies führte 1965 zur Gründung des TUCC als einer gemeinnützigen
Einrichtung der drei Universitäten. Die eine Hälfte der erforderlichen Anfangsmittel wurde von der National Science Foundation
bereitgestellt, in die andere Hälfte teilten sich die drei Universitäten gleichmäßig. Zugleich wurde eine weitere Organisation zur

Versorgung anderer Einrichtungen des Bildungswesens im gesamten
Staat mit Rechenleistung des TUCC ins Leben gerufen, deren Nach-
folgeorganisation North Carolina Educational Computing Service
(NCECS) ist.
Über diese Organisation sind 56 Institutionen des Bildungswesens
in North Carolina, nämlich 14 staatliche Universitäten, 13
private Liberal-Arts-Colleges, 18 Community Colleges und Tech-
nische Schulen und 11 Highschools, angeschlossen.
Die drei Universitäten NCS, UNC und DU haben zusammen
47.175 Studenten und 3.256 Mitglieder des wissenschaftlichen
Personals (ohne Medizin der DU).
TUCC unterstützt die DV-Aktivitäten auf den Gebieten Lehre und
Forschung und in geringerem Umfang auch einige Verwaltungsaufgaben. Neben den TUCC stehen an NCS, UNC und DU eigene
Rechenanlagen für Lehre und Forschung, an UNC und DU des weiteren eigene für die Kliniken und an UNC für die Verwaltung
zur Verfügung.

4.2.5.2 Struktur und Ausstattung

1) <u>Geräte</u>

   Vom TUCC wird ein Doppelrechnersystem IBM 370/165 der in
   Abb. 4.2.5.1 und Abb. 4.2.5.2 wiedergegebenen Konfiguration
   betrieben. Anlage I wird mit dem Betriebssystem MVT mit TSO
   vor allem für Timesharing-Anwendungen, Anlage II mit dem Betriebssystem MVS mit HASP ausschließlich für Stapelverarbeitung eingesetzt. Stapelverarbeitungsjobs können zwischen den
   beiden Anlagen durch eine am TUCC entwickelte HASP-HASP
   Verbindung ausgetauscht werden.

   Sofern in einer angeschlossenen Institution keine eigenen
   Rechenanlagen zur Verfügung stehen, wird über das Datenfernverarbeitungsnetz über Stand- oder Wählleitungen auf die
   Rechenanlagen des TUCC zugegriffen. Bei den Universitäten,
   die über eine eigene Rechenanlage für Lehre und Forschung verfügen, kann in der Regel, unterstützt durch entsprechende
   Software, an jedem Benutzer-Terminal mit Hilfe eines Kommandos

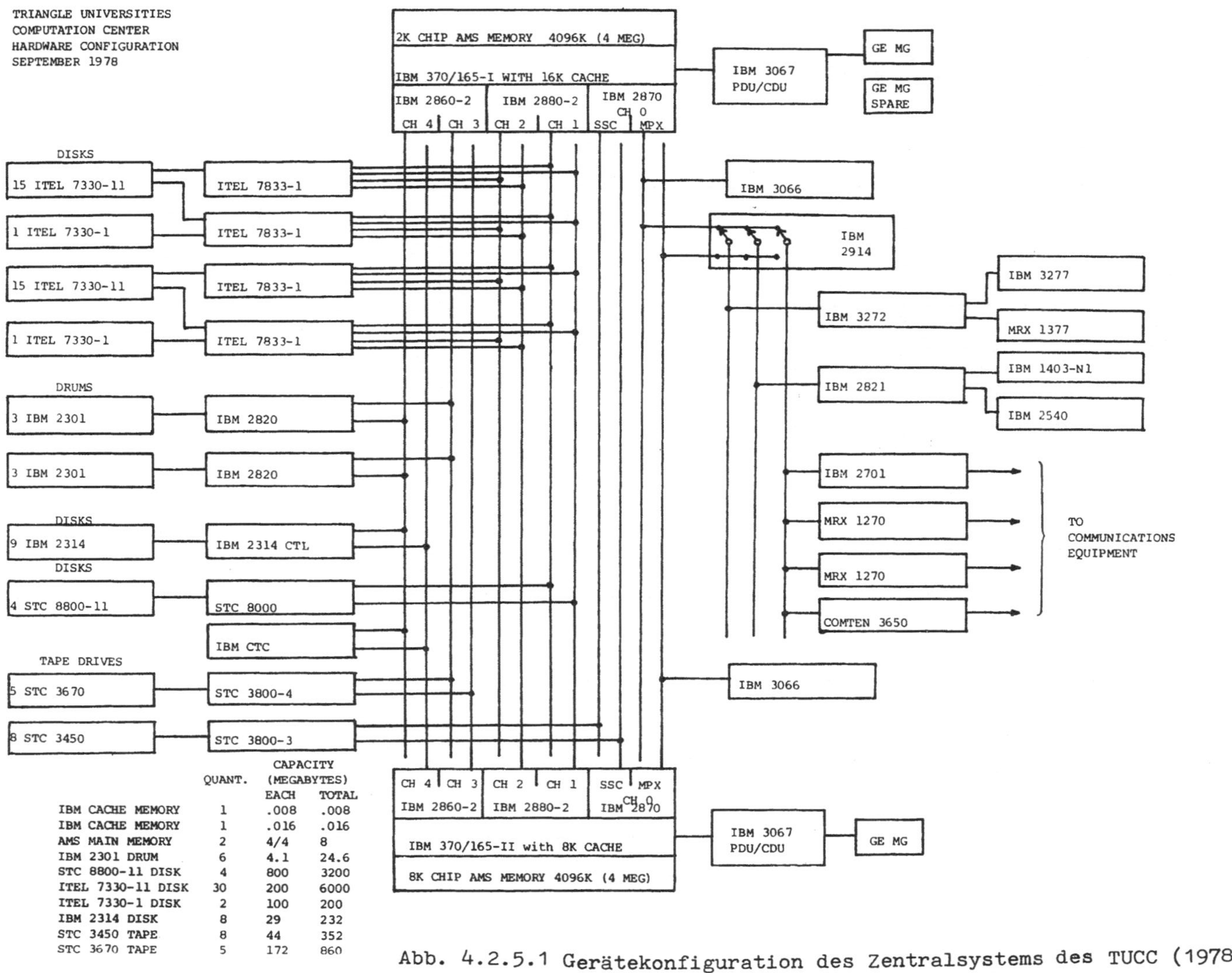

		CAPACITY (MEGABYTES)	
	QUANT.	EACH	TOTAL
IBM CACHE MEMORY	1	.008	.008
IBM CACHE MEMORY	1	.016	.016
AMS MAIN MEMORY	2	4/4	8
IBM 2301 DRUM	6	4.1	24.6
STC 8800-11 DISK	4	800	3200
ITEL 7330-11 DISK	30	200	6000
ITEL 7330-1 DISK	2	100	200
IBM 2314 DISK	8	29	232
STC 3450 TAPE	8	44	352
STC 3670 TAPE	5	172	860

Abb. 4.2.5.1 Gerätekonfiguration des Zentralsystems des TUCC (1978)

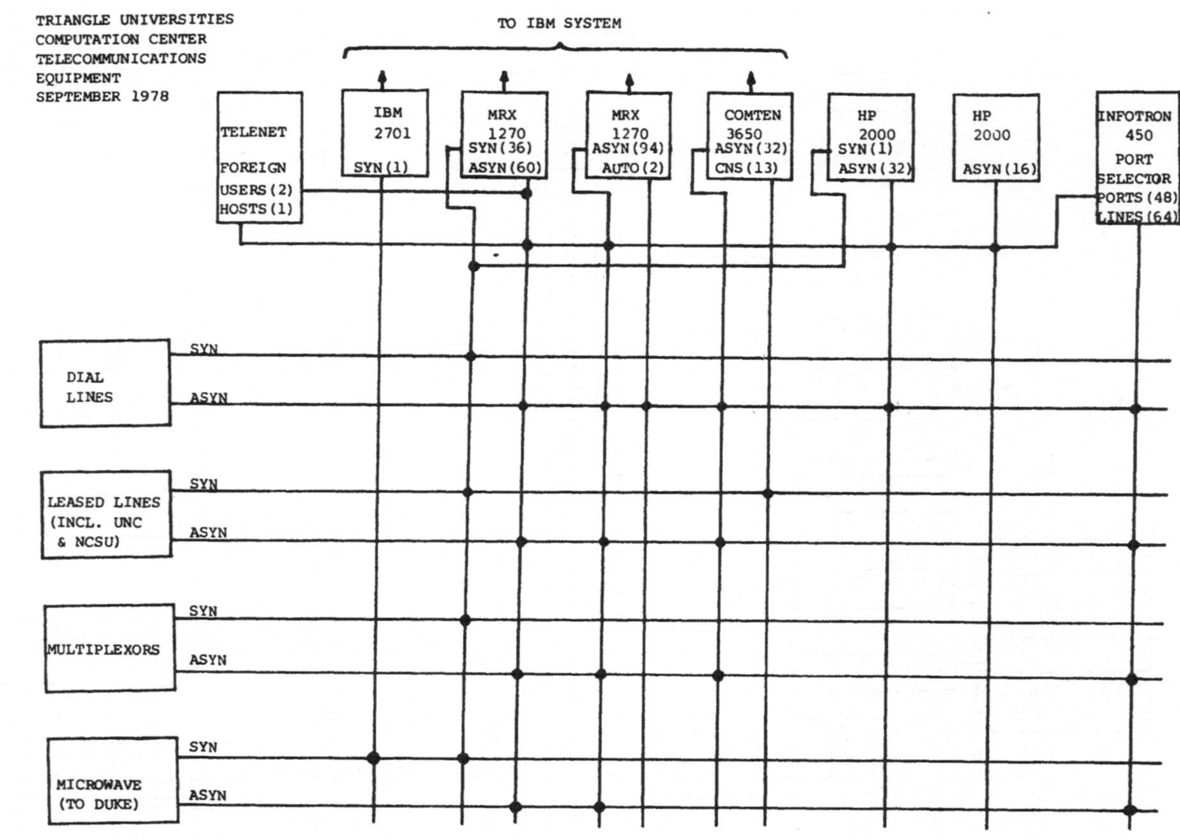

Abb. 4.2.5.2 Datenfernübertragungssteuereinheiten des TUCC (1978)

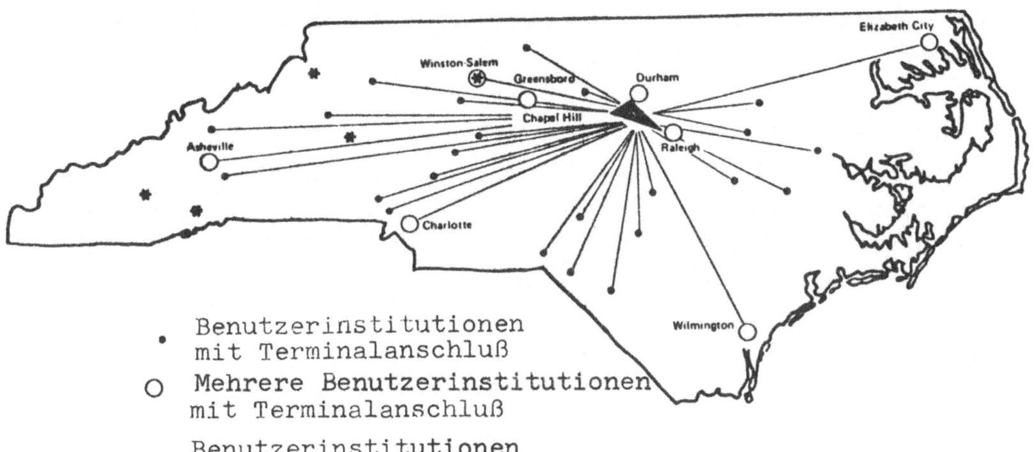

- Benutzerinstitutionen
  mit Terminalanschluß

○ Mehrere Benutzerinstitutionen
  mit Terminalanschluß

✳ Benutzerinstitutionen
  ohne Terminalanschluß

Abb. 4.2.5.3 Ausdehnung des an TUCC angeschlossenen Datenfern-
           übertragungsnetzes

entschieden werden, welcher Rechner die nächste Aufgabe aus-
führen soll. Die UNC hat sogar die Möglichkeit geschaffen,
daß Stapelaufgaben jeweils an die Rechenanlage zur Ausführung
gegeben werden, die im Augenblick am wenigsten ausgelastet ist.

An das System können bis zu 2oo Terminals gleichzeitig angeschlossen sein. Die Schulen, die über NCECS das Rechensystem
einsetzen, verfügen zusammen etwa über 1oo Terminals mittlerer
und langsamer Geschwindigkeit. Die Rechenanlagen der Hochschulrechenzentren der UNC (IBM 36o/75 und IBM 37o/155), der DU
(IBM 37o/138) und der NCSU (ITEL AS 4) sind über Leitungen
höherer Übertragungsgeschwindigkeit angeschlossen.

Die verwendeten Datenfernübertragungssteuerungsverfahren sind
Standard-IBM-Prozeduren. Das TUCC verfügt ebenfalls über
einen Anschluß an EDUNET über einen im TUCC eingerichteten
Knotenrechner.

Das gesamte Netz, das sich über ganz North Carolina erstreckt,
ist in Abb. 4.2.5.3 dargestellt.

2) <u>Haushalt</u>

Für den Betrieb des TUCC fallen die in Tab. 4.2.5.1 angegebenen Ausgaben an.

| Kostenart | Dollar | | % der Ausgaben |
	Ist-Ausgaben 1977/78	Ansatz 1978/79	(1977/78)
Personal (Gehälter einschl. Pensionsrücklagen)	577.947	629.55o	27
Hardware-Miete	131.966	139.2oo	6
Wartung	3o1.661	329.75o	14
Datenfernübertragung	52.357	42.7oo	2
Software	26.524	32.55o	1
Verbrauchsmaterial	12.948	14.4oo	o,6
Stromverbrauch	57.955	68.8oo	2,6
Sonstiges	2.382	3oo	o,1
BASIC-Service (HP 2ooo; im wesentlichen Datenfernübertragungsgebühren)	16.352	29.85o	o,7
TELENET/ EDUNET Anschluß		4.6oo	–
allgemeine und Verwaltungskosten, Gebäudeunterhalt	64.111	68.25o	3
Abschreibungen (im wesentlichen Hardware)	945.175	1.o87.25o	43
Gesamtausgaben	2.189.373	2.447.55o	1oo,o

Tab. 4.2.5.1 Ausgaben des TUCC im Haushaltsjahr 1977/78 und Ausgabenansätze für 1978/79

Der Haushalt wird sich demnach von 1977/78 auf 1978/79 nur wenig
verändern. Auch für die beiden darauffolgenden Haushaltsjahre
sieht die Planung keine wesentlich veränderten Zahlen vor.

3) <u>Personal</u>

Personalkategorie	Anzahl	% bez. auf Gesamtpersonal
Management	5	17
Systemprogrammierung	7	23
Operating	11 (+ 3 Teilzeit)	37
Informationsdienste	3	1o
Verwaltung	2	}
Datenerfassung	2	} 13
Gesamtpersonal	3o (+ 3 Teilzeit)	1oo

Tab. 4.2.5.2 Personalausstattung des TUCC

Die Ursache für den gemessen an der Geräteausstattung geringen
Personalstand sowie seine Zusammensetzung liegt in der bereits
erwähnten Betreuung der Benutzer durch die jeweiligen Hochschulrechenzentren der einzelnen Universitäten bzw. durch
NCECS. Der größte Teil des Personals wird für den Betrieb
der Geräte benötigt, nämlich ca. 77%, weil im vorliegenden
Fall auch die Systemprogrammierung und die Datenerfassung
an sich dem Betrieb zugeordnet werden muß.

<u>4.2.5.3 Bisheriger Betrieb</u>

Das Rechenzentrum nahm seinen Betrieb mit einer 36o/4o auf, die
mit der 36o/3o an der UNC gekoppelt wurde. Kurz darauf folgten zwei
weitere 36o/3o an DU und NCSU. Nach Aufbau aller Datenfernver-
arbeitungsanschlüsse wurde die 36o/4o durch eine 36o/75 ersetzt.
All dies erfolgte im Jahre 1966. 1971 wurde die 36o/75 durch eine

360/165 als Zentralrechner abgelöst und der UNC für deren
Rechenzentrum zur Verfügung gestellt. Anfang 1977 war die zweite
360/165 betriebsbereit. Mit dieser Erweiterung der Rechenkapazität
wurde den zunehmenden Anforderungen der Benutzer Rechnung getragen.
Die Anzahl der täglich bearbeiteten Jobs stieg anfangs schnell.
Das System erlaubte 1968 max. 2ooo Jobs/Tag zu bearbeiten. 1971
waren es 8ooo Jobs/Tag und heute sind es etwa 15ooo Jobs/Tag.

Der Anstieg der insgesamt bearbeiteten Jobs (und zwar Batch-Jobs
und interaktive Jobs zusammengenommen) und der abgegebenen Systemstunden (pro Jahr) seit Anfang der 70er Jahre ist in Abb. 4.2.5.4
dargestellt. In Abb. 4.2.5.5 sind die Verhältnisse jeweils für den
Monat des stärksten Rechenaufkommens, den Monat April, angegeben
und zugleich die maximale Anzahl der Benutzer und die Anschaltstunden eingetragen. Alle dieser Angaben beziehen sich auf das
Hauptsystem. Daneben wurde 1975 ein eigenständiges Kleinrechner-
system (HP 2ooo) für kostengünstiges Arbeiten in der Programmiersprache BASIC beschafft. Das System wurde voll den Erwartungen
gerecht und hat sich im Einsatz bewährt, so daß 1978 ein zweites
gleichartiges System beschafft wurde. Auch diese Anlagen sind über
das gesamte Datenfernverarbeitungsnetz des TUCC zugänglich.

In Tab. 4.2.5.3 sind die wichtigsten Kenngrößen des Rechenzentrums und ihre prozentuale Entwicklung über die Jahre
197o - 1978 sowie die Inanspruchnahme der Rechenleistung durch
die angeschlossenen Institutionen zusammenfassend dargestellt.
Nach dem oben über die maximale Anzahl der vom System verar-
beiteten Jobs gesagten ist festzustellen, daß die Rechenleistung
offensichtlich jeweils rechtzeitig ausgebaut wurde, so daß sich
die Inanspruchnahme durch die Benutzer ohne systembedingte
Einschränkungen vollziehen konnte. Die Steigerung der Rechenleistung zu den Zeitpunkten der Installation einer neuen oder
zusätzlichen Rechenanlage wurde durch Ausbau des Hauptspeichers,
der Kanäle und der Plattenspeicherstrecken erzielt.

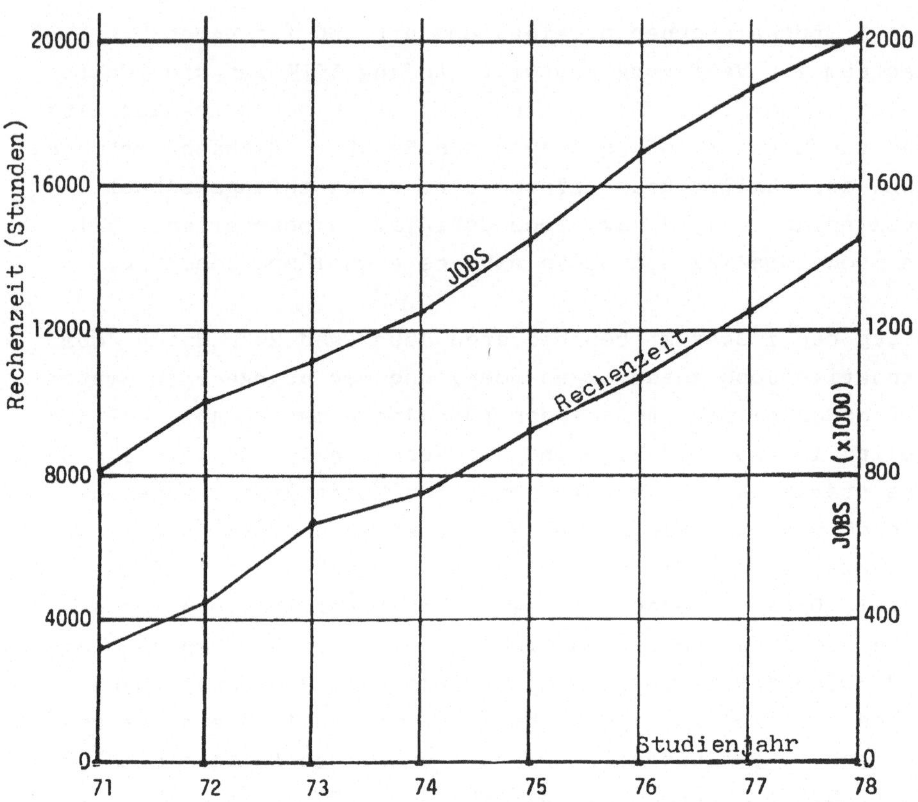

Abb. 4.2.5.4 Von TUCC abgegebene Rechenleistung und bearbeitete
Jobs für die Jahre Mitte 1971 - Mitte 1978

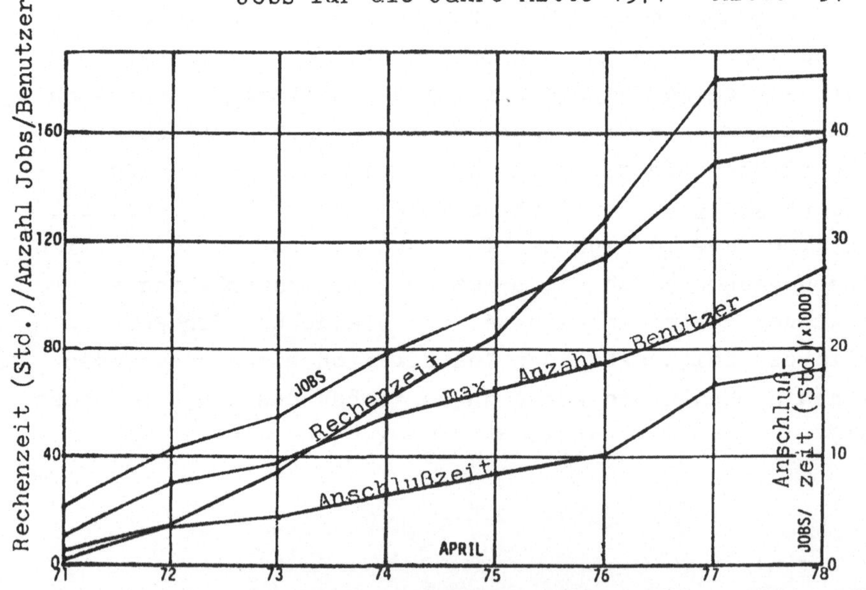

Abb. 4.2.5.5 Von TUCC im Zeitraum Mitte 1971 - Mitte 1978
erbrachte Leistungen, dargestellt für den Monat
höchster Anforderungen (April)

63

	7o/71	71/72	72/73	73/74	74/75	75/76	76/77	77/78
1. Entwicklung der wichtigsten Kenngrößen des Rechenzentrums								
1.1 Absolute Zahlen								
Personalstand	24	25	26	26	26	27	29	3o
installierte Rechenleistung (bezogen auf 70/71)								
- Batch	1	1.4	1.9	2.3	2.8	3.3	3.8	4.3
-interaktiv	1	3.o	7.o	12.4	17.1	25.6	26.1	36.3
Summe der Anschaltzeit der Terminals (1ooo Stunden)	14.6	27.3	41.1	48.2	67.7	88.4	135.1	164.4
Anzahl der Jobs (in 1ooo)	808	1oo3	1116	1251	1453	1696	1873	2o12
abgegebene Systemstunden	3173	43o6	5709	7478	9141	1o8oo	12589	14557
1.2 Steigerung gegenüber Vorjahr in %								
Anschaltzeit der Terminals	-	87	5o	17	4o	31	53	22
Jobs	-	24	11	12	16	17	1o	7
Systemstunden	-	36	33	31	22	18	17	16
2. Benutzung in % durch								
DUKE University	23	22	23	23	26	25	26	26
North Carolina State University	32	29	28	27	27	29	30	27
University of North Carolina	25	26	23	21	23	21	21	21
NCECS	9	7	7	8	8	7	7	6
Andere	11	16	19	21	16	18	16	2o

Tab. 4.2.5.3 Entwicklung der im TUCC installierten Rechenleistung und Verteilung auf die Benutzer im Zeitraum von 1970 - 1978

Insgesamt ist festzustellen, daß die Inanspruchnahme in der
ersten Hälfte der 70er Jahre höhere Steigerungsraten aufwies
als in der zweiten Hälfte. So hat sich die Anzahl der abgegebenen Systemstunden in den ersten 3 Jahren mehr als verdoppelt. Die nächste Verdoppelung benötigt jedoch mehr als
4 Jahre.

Besonders auffallend ist eine starke Zunahme des interaktiven
Arbeitens. Die Summe der Anschaltzeiten aller Terminals stieg
im Gesamtzeitraum um dem Faktor 11. Insgesamt überwiegen jedoch immmer noch die Batch-Arbeiten stark. Das Verhältnis der
im Jahre 1977/78 bearbeiteten Batch-Jobs zu der Anzahl der
Terminalsitzungen war 4,5 : 1 für das Hauptsystem.

Die größten Benutzer des TUCC sind die Trägeruniversitäten
UC, NCS und DU, die jede für sich im Gesamtzeitraum 1970 - 1978
21% - 32% der Leistung abgenommen haben. Die Abnahme durch
NCECS lag zwischen 6% - 9% bei der Rechenzeit und bei 20 %
bei der Anzahl der Jobs. Letzteres ist ein Hinweis darauf,
daß von den über NCECS am TUCC rechnenden Benutzern viele kleine
Aufgaben bearbeitet wurden, was unmittelbar auf die Struktur
der von NCECS betreuten Einrichtungen zurückgeht.

4.2.5.4 Organisation

TUCC wurde als gemeinnützige Gesellschaft gegründet. Es wird von
einem Board of Directors geleitet, das aus 9 Personen besteht,
von denen je 3 aus den Trägeruniversitäten, UNC, NCSU, DU, kommen. Obwohl es nicht von der Satzung her erforderlich ist, hat
die Entwicklung ergeben, daß von den drei Mitgliedern des Board
of Directors jeweils einer die finanzellen Gesichtspunkte, einer
die der Datenverarbeitung und einer die der übrigen Lehre und
Forschung vertrat. Jede Universität verfügt über ein eigenes
Rechenzentrum, das sich um die Benutzer aus seinem Bereich küm-
mert, so daß sich das TUCC-Personal auf die Bereitstellung und
Wartung der nach den gemeinsamen Bedürfnissen der angeschlossenen
Universitäten erforderlichen Hardware, Betriebssysteme und Dokumentation beschränken konnte. Die einzelnen Direktoren werden
vom höchsten Verwaltungsbeamten ihrer Universität auf unbestimmte
Zeit berufen und sind nur ihm für ihre Geschäftsführung verantwortlich. Das Board of Directors hält monatlich Sitzungen und
eine Jahressitzung ab. Ausführungsorgan sind der Vorsitzende
des Board of Directors und der Präsident, der jährlich neu in
der Jahressitzung des Board of Directors gewählt wird.
TUCC steht grundsätzlich für alle Aufgaben der angeschlossenen
Institutionen zu Verfügung, es werden jedoch fast ausschließlich
Aufgaben der Lehre und Forschung bearbeitet.

NCECS ist als Abteilung der Generalverwaltung der 16 Campusse
der University of North Carolina organisiert mit der Aufgabe,
DV-Leistungen für öffentliche und private Institutionen des
Bildungswesens in North Carolina bereitzustellen. Es übernimmt
dabei etwa die Funktion eines Einzelhändlers, wobei TUCC der
Großhändler ist, und stellt Rechenleistung, Benutzerberatung
und technische Unterstützung etwa in gleicher Weise bereit, wie
es sonst die Hochschulrechenzentren der großen Universitäten für
ihre Benutzer tun. Es entwickelt in diesem Zusammenhang auch
Lehrpläne für DV-Ausbildung, veranstaltet Seminare zur Förderung
des effizienten DV-Einsatzes, besucht die einzelnen betreuten
Institutionen und berät sie oder führt Programme ein.

4.2.5.5 Erfahrungen aus dem bisherigen Betrieb

Der bisherige Betrieb hat gezeigt, daß ein gemeinsames Rechenzentrum für mehrere Universitäten und andere Institutionen des Bildungswesens erfolgreich betrieben werden kann, wenn dies ohne Prinzipienreiterei und an der gemeinsamen Sache orientiert geschieht. Es ist jedoch festzuhalten, daß eine solche Einrichtung den jeweiligen Anforderungen der Benutzer fortlaufend angepaßt werden muß. So war man ursprünglich davon ausgegangen, daß neben dem zentralen Rechner und den daran angeschlossenen Knotenrechnern keine weiteren eigenständigen Rechenzentren an den einzelnen Universitäten mehr erforderlich sind. Die Erfahrungen beim Betrieb haben jedoch gezeigt, daß z.B. die Aufgaben der Verwaltung der Universitäten und der Kliniken, die zeitkritisch sind oder spezielle Anforderungen bezüglich der Bedienung stellen, auf einem zentralen gemeinsamen Rechenzentrum größtenteils nicht zweckentsprechend bedient werden können. Aus diesem Grund wurde für die Verwaltung der UNC ein eigenes großes Rechenzentrum eingerichtet und ebenso für das Klinikum. Auch das Universitätsrechenzentrum wurde kräftig erweitert. Die DU verfügt über eine IBM 370/138, auf der der größte Teil der Verwaltungsarbeiten und auch in geringem Umfang Arbeiten aus dem Bereich Lehre und Forschung durchgeführt werden. Sie dient zugleich als Anschluß an TUCC. Die DU hat außerdem ein eigenes großes Rechenzentrum für das Klinikum. Auch die Verwaltung der NCSU wird größtenteils an der eigenen Rechenanlage abgewickelt. Diese Anlage wurde ebenfalls gegenüber dem ersten Knotenrechner stark ausgebaut und mit modernster Hardware ausgestattet. TUCC hat insbesondere auch den kleineren über NCECS angeschlossenen Institutionen die Möglichkeit gegeben, Groß-EDV mit allen ihren Möglichkeiten (größerer Bedienungskomfort, umfangreiche Programmbibliothek, mächtige Programmsprachen, leistungsfähige Programmsysteme) einzusetzen, was anderweitig nicht möglich gewesen wäre. Mit den zwischenzeitlich gestiegenen Anforderungen an einigen größeren der durch NCECS bedienten Hochschulen und die zunehmende Verbilligung von DV-Systemen zeichnet sich eine Zunahme der Beschaffung eigener kleinerer Rechner bzw. Rechnersysteme für diese Hochschulen ab.

4.2.5.6 Planungen

Die Planungen sehen vor, insbesondere die Timesharing-Dienste, die
bei der derzeitigen Nutzung den kleineren Teil ausmachen, stärker zu
fördern. Dabei ist an zwei zusätzliche Rechenanlagen für jeweils
etwa 1oo aktive Benutzer gedacht.

4.3 Zusammenfassung und Ausblick

Auf dem Gebiet der Lehre sollte aus Kostengründen und aus Gründen
einer verbesserten Dienstleistung für die Benutzer der Bereitstellung geeigneter dedizierter Systeme weit größere Beachtung
geschenkt werden. Eine Reihe von Installationen in den USA lassen
erkennen, daß hierfür vorteilhafte Lösungen angeboten werden können.

Der Einsatz von CUU im Hochschulbereich ist zum einen eine Frage
der grundsätzlichen Einstellung zu dieser Art des Unterrichts und
der verfügbaren Rechnersysteme und Programme; hier sind in Deutschland nur wenige lokale Entwicklungen im Gegensatz zu landesweiten
Entwicklungen in den USA bekannt. Zum anderen spielt die Frage
der Kosten eine bedeutende Rolle. Sie bedingt derzeit in Deutschland eine eher verringerte Aufmerksamkeit für dieses Gebiet.
Das in den USA vorgefundene System zeigt jedenfalls, daß sein
Einsatz nicht an mangelnder Akzeptanz durch die Benutzer leidet.

Die entscheidenden Beweggründe für den Aufbau von Rechnernetzen
sind der Wunsch der Finanzgeber und der Betreiber von Rechenzentren, möglichst viel Rechenleistung für möglichst wenig Geld zur
Verfügung zu stellen und der Wunsch der Benutzer nach schneller
und effizienter Lösung ihrer Aufgaben. Hier zeichnet sich system-
technisch gesehen eine Polarisierung in der weiteren Entwicklung
ab. Zum einen wird es mehr dedizierte Systeme für Standardanwen-
dungen geben. Diese Entwicklung hat eine zentrifugale Wirkung weg
von Zentralsystemen und wird voraussichtlich zu vermehrten Investitionen im Benutzerbereich verglichen mit dem Zentralbereich
führen, ohne jedoch letzteren zu substituieren. Für Sondersyste-
me (in Hardware und Software), die von einzelnen Benutzern zwar
häufig eingesetzt werden, aber für sie allein zu teuer in der
Anschaffung wären oder die von vielen Benutzern gelegentlich
benutzt werden, so daß sich eine Bereitstellung des vollen Systems
für einzelne Benutzer nicht lohnt, wird es verstärkt zur Inanspruchnahme von Netzen kommen. Diese wird vor allem folgende
Gebiete betreffen:

- Spezialrechner
- Informations und Methodendatenbanken
- Sonderentwicklungen von Software und neue Programmprodukte

Die weitere Entwicklung dieses Gebietes in den USA verdient besondere Beachtung, weil hier bereits die systemtechnischen und organisatorischen Voraussetzungen für einen breiteren praktischen Einsatz gegeben sind. Der derzeitige Einsatz von vermaschten Netzen auf diesem Gebiet (nicht von Sternnetzen), die vor allem darauf ausgerichtet sind, Benutzern den Zugang zu spezieller Hard- oder Software zu ermöglichen, hält sich auch in den USA in engen Grenzen.

5. Datenverarbeitung in der Hochschulverwaltung

5.1 Umfang und Inhalt der Verwaltungstätigkeit an Hochschulen der USA

In der Verwaltung spiegelt sich die von den deutschen Hochschulen abweichende Struktur der Hochschulen der USA voll wieder. Insbesondere fällt dabei auf:

1) Die Finanzierung der Hochschule erfolgt in der Regel aus mehreren, teilweise sehr verschiedenen Quellen darunter solchen, die an deutschen Hochschulen nicht oder nicht mehr bekannt sind:

   - Bei privaten Hochschulen trägt eigenes Vermögen oft stark zur Finanzierung bei.
   - Die Studenten müssen Studiengebühren entrichten. Hierzu sind Rechnungen an die Studenten zu versenden und es ist der Zahlungseingang zu überwachen.
   - Personen, die früher an der Hochschule studiert haben, die sog. Alumni, leisten oft nicht unerhebliche Spenden zu Aufbau und Unterhalt der Hochschule. Oft werden diese Personen in regelmäßigen Abständen von der Hochschule angeschrieben und um Spenden gebeten. Wegen des z.T. großen Umfangs dieses Personenkreises (bei einigen bekannten, seit längerer Zeit bestehenden Hochschulen gelegentlich über 1oo.ooo) werden diese Aktionen automatisiert durchgeführt.

2) Die Hochschulen sind häufig in weiten Gebieten autonom. Aus diesem Grunde werden z.B.

   - Lohn- und Gehaltsabrechnung
   - Verwaltung von Pensionierungssystemen
   - Abwicklung der Programme zur finanziellen Unterstützung von Studenten

   an jeder Hochschule für sich durchgeführt.

3) Die Hochschulen betreiben auch die Hilfseinrichtungen wie
   Mensen, Studentenheime, Geschäfte, die Artikel des täglichen
   Bedarfs führen, sowie Buchhandlungen. Sie sind ebenfalls in
   die Verwaltung der Hochschulen miteinbezogen.

Die Aufzählung ist nicht erschöpfend,zeigt jedoch die allgemein feststellbare Tatsache, daß die Hochschulverwaltung in den
USA mehr Aufgaben umfaßt,als in Deutschland, und zwar insbesondere
auch solche, die mit umfangreichen Massenarbeiten verbunden sind,
die sich gut zur Automatisierung eignen und deren Automatisierung
Vorteile bringt. Für diese Aufgaben läßt sich dann in der Regel
viel einfacher die Notwendigkeit einer Unterstützung der Verwaltung mit DV-Personal und die Bereitstellung von leistungsfähigen
DV-Einrichtungen rechtfertigen. Ist nun bereits ein Rechenzentrum
und eine DV-Mannschaft vorhanden, deren Existenz sich mit der
effizienten Durchführung von Routinearbeiten voll rechtfertigen
läßt, erscheint auch die Automatisierung weiterer Aufgaben, bei
denen sich der Vorteil nicht einfach oder nicht sofort oder nicht
bei ausschließlicher Anwendung quantitativer Kriterien nachweisen
läßt, in einem anderen Licht.

Im einzelnen wird zwischen folgenden Gruppen von Tätigkeiten im
Verwaltungsbereich, denen die darunter angegebenen Teilaufgaben
zugeordnet sind, an Hochschulen der USA unterschieden:

- <u>Planung, Management und Informationsbereitstellung</u>
. Prognoserechnung zum zukünftigen Finanzbedarf
. Haushaltsaufstellung
. Haushaltsanalyse
. Überwachung der einzelnen Haushaltsansätze
. Untersuchungen zur Kostenstruktur der Hochschule
. Analyse der Gehaltsstruktur des Lehrkörpers und des weiteren Per-
  sonals der Hochschule
. Tätigkeitsanalyse des Lehrkörpers und des weiteren Personals der
  Hochschule
. Modelluntersuchungen zu den Anforderungen an Resourcen
. Nachbildung des Studienverlaufs

. Prognose der Entwicklung der Studentenzahlen
. Langfristige Planung
. Datenlieferung an die Statistik
. Verschlüsselung der Hochschulstruktur
. Datenelement-Wörterbuch

- <u>Finanzverwaltung</u>
. allgemeine Buchführung für die Gesamtuniversität
. Ausgaben der Fachbereiche
. allgemeiner Zahlungsverkehr mit den Studenten
. Lohn- und Gehaltsabrechnung
. Prognose von Kassenbewegungen
. Überwachung und Verwaltung von Investitionen
. Verwaltung laufender Forschungsvorhaben
. Buchführung über die finanzielle Unterstützung der Studenten
. Buchhaltung der Studentenheime und Studentenläden
. Telefonabrechnung

- <u>Allgemeine Verwaltung</u>
. Raumdatei und Raumverwaltung
. Untersuchungen zur Hörsaalnutzung
. Untersuchungen zur Benutzung der sonstigen Einrichtungen der Hoch-
  schule
. Personaldatei und Personalverwaltung
. Berichte zu Sonderfragen wie Zugehörigkeit des Personals zu
  bestimmten ethnischen Gruppen, Wehrüberwachung etc.

- <u>Hilfsdienste und Verwaltung der Hilfseinrichtungen der Hochschule</u>
. Personenverzeichnis der Hochschule
. Abrechnung für den Fakulty Club
. Bericht über die Unterbringung der Studenten
. Vorbereitung des Studienführers
. Mensa (Menüplanung, Inventar)
. Buchhandlung (Geschäftsabwicklung, Inventar)
. Einkaufsinformationssystem
. Überwachung erteilter Aufträge
. Datei der Lieferfirmen

- Inventarisierungssystem für die Studentenläden
- allgemeines Inventarisierungssystem
- Kfz-Registrierung
- Zuteilung von Parkplätzen
- Überwachung von Verkehrsübertretungen
- Bericht über Verbrechen und Vergehen

- <u>Verwaltung technischer Betriebseinrichtungen</u>
- Abrechnung
- Betriebsablaufsteuerung
- Bauunterhalt
- vorbeugende Wartung von Ausrüstungsgegenständen

- <u>Studentenverwaltung</u>
- Zulassung graduierter und nicht-graduierter Studenten an der
  Hochschule
- Informationssystem über Highschool-Prüfungen
- Informationssystem über die Kurse der Hochschule
- Einschreibung und Studentendatei
- Vorbereitung und Aufstellung des Stundenplans
- Bericht über den Studienverlauf
- Anerkennung von Vorleistungen
- Zulassung zur Prüfung

- <u>Finanzielle Unterstützung der Studenten</u>
- Abwicklung der Unterstützung
- Informationssystem über Beschäftigung der Studenten und
  Work-Study

- <u>Bibliothek</u>
- Erwerbung
- Katalogisierung
- Ausleihe
- Unterstützung der bibliographischen Recherchen
- Nachweis der Serien und von Lehrmaterial

- <u>Besondere Verwaltungsbereiche</u>
. Alumni-Datei und -Verwaltung
. Überwachung der Zuwendungen Dritter
. Analyse der Testergebnisse
. Curriculumplanung
. Studentenberatung

Zu all den genannten Verwaltungsbereichen sowie den zugeordneten
Teilaufgaben gibt es zahlreiche automatisierte Verfahren.
Einzelheiten können aus Tab. 5.1.1 entnommen werden, die einen
Überblick über die Gesamtsituation auf dem Gebiet der Automati-
sierung der Hochschulverwaltung in den USA gibt (ohne Kliniks-
und Bibliotheksverwaltung).

Verwaltungsbereich	<u>Bearbeitung (in % der gesamten Hochschulen)</u>		
	Manuell oder mit einfachen Hilfsmitteln	Stapelver- arbeitung	Dialog on-line
Planung, Management Informationsbereit- stellung	43	53	4
Finanzverwaltung (Haushalt-, Kassen- und Rechnungswesen)	46	47	7
allgemeine Verwaltung (einschließlich Per- sonalverwaltung)	63	33	4
Verwaltung von Hilfs- einrichtungen und Hilfs- diensten (Studenten- heime, Läden etc.)	72	24	4
Verwaltung technischer Betriebseinrichtungen	81	17	2
Studentenverwaltung	28	60	12
Finanzielle Unterstüt- zung der Studenten	60	35	5
Sonstige	69	26	5

Tab. 5.1.1 Automatisierung der einzelnen Verwaltungsbereiche an
Hochschulen der USA entsprechend einer Gesamtbefragung
im Jahre 1976/77

Nach Tab. 5.1.1 bewegt sich die Automatisierung der einzelnen
Verwaltungsbereiche zwischen 19 % und 72 % der befragten Hochschulen. Am stärksten automatisiert ist der Bereich Studentenverwaltung, gefolgt von Planung und Finanzverwaltung; diese sind
auch die Bereiche in denen die meisten Dialoganwendungen zu finden sind. Insgesamt überwiegt jedoch die Stapelverarbeitung noch
stark.

Im Studentenbereich sind die Teilaufgaben Studentendatei, Infor-
mationswesen zu Einschreibung und Ablegung von Prüfungen (statisti-
scher Bericht etc.) sowie Zulassung, Einschreibung und Belegen
sehr stark automatisiert. Bei Zulassung, Einschreiben und Belegen findet man auch die meisten Dialoganwendungen.

Im Bereich der Finanzverwaltung sind vor allem die Teilaufgaben
allgemeine Buchhaltung, Ausgaben der Fachbereiche, Lohn- und Gehaltsabrechnung, Ausgabenüberwachung und Zahlungsverkehr mit
Studenten (Studiengebühren) automatisiert. Dialoganwendungen
findet man ebenfalls am ehesten bei diesen Teilaufgaben.

Im Bereich Planung findet man einen hohen Automatisierungsgrad
für die Teilaufgaben Haushaltsanalyse, Untersuchungen zur Kostenstruktur, Haushaltsaufstellung und -überwachung, Analyse der
Gehaltsstruktur und Datenlieferung an die Statistik. Auch hierfür
findet man des öfteren Dialoganwendungen.

Bei den vorstehend genannten Angaben ist zu beachten, daß sie ein
Bild des gesamten Hochschulbereichs, von den größten Universitäten
bis zu kleineren Colleges (immer jedoch 4-Jahres-Colleges) geben.
Besonders bei den großen Universitäten können sich ziemliche Abwei-
chungen gegenüber den Durchschnittswerten zu einer stärkeren
Automatisierung des Verwaltungsbereiches hin ergeben, wie die
nachfolgenden Beispiele zeigen werden.

5.2 University of Michigan

5.2.1 Allgemeines

Die University of Michigan hatte im Winterhalbjahr 1977/78 insgesamt 4fo17 Studenten mit einem vergleichsweise großen Anteil an Graduierten (ca. 1/3). Neben dem Haupt-Campus im Ann Arbor besitzt die Universität noch zwei weitere Branch-Campusse und zwar in Dearborn (5476 Studenten) und Flint (33o1 Studenten), die beide in der zweiten Häfte der 5oer Jahre als unabhängige Schulen eingerichtet wurden und etwa 5o bzw. 1oo km von Ann Arbor entfernt sind. Die Universität hat einen Personalstand von 1426o (Vollzeitäquivalente), davon sind 24o5 in der Lehre tätig. Der Gesamtetat betrug im Haushaltsjahr 1977/78 463 Mio Dollar. Die Verteilung der Einnahmen und Ausgaben auf die einzelnen Bereiche ist aus Abb. 5.2.1 ersichtlich.

Die University of Michigan hat 19 Schools und Colleges, in denen alle Wissenschaftsbereiche gelehrt werden, darunter auch Ingenieurwissenschaften und Medizin. Die Universität verfügt über ein eigenes Klinikum (Medical Center) mit ca. 8oo Betten.
Sie hat eines der größten Bibliothekssysteme, das insgesamt einschließlich der zugehörigen Fachbereichs- und Teilbibliotheken, einen Buchbestand von mehr als 5 Mio Bänden aufweist.

5.2.2 DV-Struktur der Universität

Für die Aufgaben der Lehre und Forschung steht ein eigenes Großrechenzentrum mit einer Amdahl 47o V/6 mit 6MB Hauptspeicher und ca. 4oo Terminals zur Verfügung. Es ist über das MERIT-Netzwerk und EDUNET noch mit anderen Hochschulrechenzentren verbunden (siehe auch 4.2.4 und 4.2.1).

Das Klinikum betreibt für seine patientenbezogenen, medizinischen Verwaltungsaufgaben eine eigene Rechenanlage (Doppelsystem IBM 37o/148 mit 2 MB bzw. 1 MB Hauptspeicher); im Office of Administrative Systems ist die Verantwortung für die Bereitstellung von Hardware, die Entwicklung der Software und den Betrieb der Systeme für alle andern Verwaltungsaufgaben der Universität zusammengefaßt.

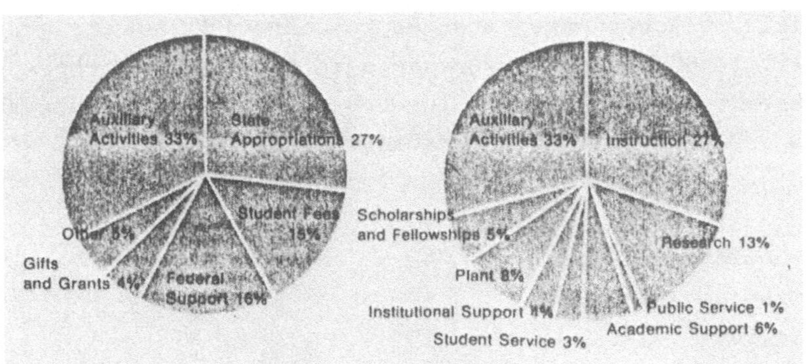

Abb. 5.2.1 Aufteilung der Einnahmen und Ausgaben der University of
Michigan (Gesamthaushalt 1978:462,8 Mio. Dollar)

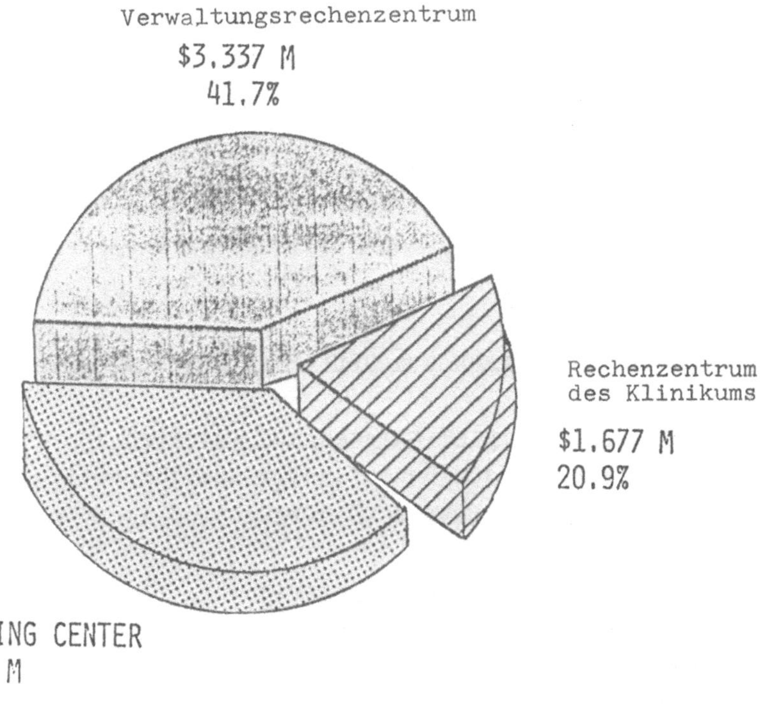

Abb. 5.2.2 Aufteilung der Ausgaben für Datenverarbeitung der University
of Michigan auf die drei großen Rechenzentren der Universität

Für spezielle Anwendungen standen im Jahre 1977 an der gesamten
Universität 156 kleinere Rechenanlagen unterschiedlicher Größe
und Ausstattung insbesondere für Prozeßdatenverarbeitung zur
Verfügung.Die Aufteilung war dabei wie folgt:

Medizin   4o
Ingenieurwissenschaften   42
Naturwissenschaften   37
Psychologie   13
And. Forschungseinrichtungen   24

Die Universität kann bereits auf eine lange Zeit des Einsatzes
von DV in allen Bereichen zurückblicken und der Automatisierungs-
stand ist hoch.

Die Verteilung des gesamten DV-Etats der Universität auf die drei
großen Rechenzentren (gesamte Personal- und Sachausgaben) ist in
Abb. 5.2.2 wiedergegeben. Demnach wird absolut gesehen der größte
Anteil mit 3,337 Mio Dollar (41,7 %) für die Datenverarbeitung
in der Verwaltung ausgegeben. Nimmt man jedoch die Kleinrechner
hinzu, so ergibt sich mit 25 Mio Dollar pro Jahr bzw. einem
Anteil von 12,6 % am Etat für Lehre und Forschung, ein deutliches
Übergewicht der Ausgaben für die Datenverarbeitung in diesem
Bereich.

5.2.3 Ausstattung des Office of Administrative Systems (OAS)

Ausstattung mit DV-Anlagen und -geräten
Dem OAS steht zur Durchführung der ihm obliegenden Arbeiten eine
Rechenanlage folgender Konfiguration zur Verfügung:

IBM 37o/158 mit 4MB Hauptspeicher
16 Laufwerke ITEL Plattenspeicher á 15oMB
8 Magnetbandgeräte
3 Drucker
1 Lochkartenleser/-Stanzer
6 RJE-Stationen
159 Sichtgeräte

Off-line Spezialperipherie:

1 Laserdrucker 22ooo Zeile/min (Honeywell Page Printing System)

1 COM-Sytem

1 OCR-Leser

1 Disketten-Datenerfassungssystem

Als Betriebssystem wird MVS eingesetzt. Die Anwendungsprogramme
werden mit Hilfe des Datenbanksystems IMS abgewickelt.

Personalausstattung

Dem OAS sind insgesamt 127 Personenstellen zugeordnet. Die Hälfte
hiervon wird für die Bereiche Management, Systemanalyse und Programmierung eingesetzt (siehe Tab. 5.2.1).

Personalkategorie	Anzahl	% der Gesamtanzahl
Management	9	7
Systemanalyse	29	23
Programmierung	26	2o
Operating	18	14
Rechenanlage	15	
Peripheriegeräte	2	
Arbeitsvorbereitung und Nachbearbeitung	9	7
Verwaltungsunterstützung	15	12
Datenerfassung	16	13
Hilfspersonal	5	4
Gesamtanzahl	127	1oo

Tab. 5.2.1 Ausstattung des Verwaltungsbereiches der University
of Michigan mit DV-Personal

Haushalt

Der Gesamthaushalt des OAS beträgt ca 3,8 Mio Dollar für das
Haushaltsjahr 1978/79. Der größte Teil davon (65 %) dient der
Abdeckung der Personalkosten. Der Hauhalt wird weitaus überwiegend durch Gebühren abgedeckt, die die Benutzer des OAS, das
sind im wesentlichen die Verwaltungsabteilungen der Universität,
für die Inanspruchnahme der Leistungen des OAS zu zahlen haben
(siehe Tab. 5.2.2).

Kostenart	Kosten ($)	% des Gesamtetats
Personal	2.421.421	65
Kaufpreisraten und Wartung für das System	983.7oo	26
Verbrauchsmaterial und Daten- fernübertragung (Papier, Lochkarten, Formblät- ter, Telefon, Büromaterial etc.)	354.75o	
Gesamtetat	3.759.871	1oo

Einnahmen:

. Zuweisungen aus Haushalts- mitteln der Universität	588.442	16
. Benutzergebühren	3.171.429	84

Tab. 5.2.2 DV-Haushalt des Verwaltungsbereiches der University
of Michigan 1978/79

5.2.4 Stand der Datenverarbeitung und Erfahrungen

Die Überlegungen und Aktivitäten zum DV-Einsatz im Verwaltungsbereich gehen an der University of Michigan bereits weit zurück.
Aus dem Weg, der bis heute durchlaufen wurde, lassen sich bei-
spielhaft die allgemeinen Entwicklungsziele und Lösungsansätze
auf diesem Gebiet, die bei der Verwicklung aufgetretenen Schwierigkeiten und die Maßnahmen, die zu ihrer Behebung ergriffen
wurden, sowie deren Auswirkungen verfolgen. Deshalb soll diese
Entwicklung kurz aufgezeigt werden. Sie ist im einzelnen in
Tab. 5.2.3 dargestellt. Daraus sieht man zunächst einmal, daß
die anfänglichen Entwicklungsziele für die damals zur Verfügung
stehende Hard- und Software zu hoch gesteckt waren und somit eine
Verwirklichung nicht möglich war. Erst ab etwa 1972 stand grundsätzlich die erforderliche Hard- und Software bereit. Jedoch erst
die Einführung einer angepaßten Organisationsstruktur und die
Bereitstellung von Hilfsmitteln für die Systementwicklung konnte
die Arbeiten in Richtung des vorgegebenen Zieles entscheidend voran-
bringen.

Derzeit sind insgesamt 47 Terminals mit Wählanschluß und 109 über
Standleitungen an das Verwaltungsrechenzentrum angeschlossen.
Die Terminals sind über die gesamte Universität verteilt. Sie
stehen für 42 verschiedene Verwaltungstätigkeiten wie z.B. Ein-
schreibung, Universitätskasse, Ausbildungsförderung der Studenten,
Einkauf, Zahlungsverkehr etc. zur Verfügung (siehe Abb. 5.2.3).
Zusammen sind heute 131 on-line Transaktionen möglich, die in
Tab. 5.2.4 zusammengestellt sind.

Jahr	Entwicklungsziele	Hardwaremaßnahmen	Softwaremaßnahmen	Bemerkungen
1964	Schaffung eines zentralen Verwaltungsrechenzentrums mit der Aufgabe, die wichtigsten für die Verwaltungsaufgaben erforderlichen Informationen bereitzustellen.	IBM 1401		
1966		IBM 360/30		
1968		IBM 360/40		
1969	Interaktives Timesharingsystem soll für den Einsatz im Verwaltungsbereich entwickelt werden. geplanter Personal-Einsatz: 160.4 Mannjahre			
1970		IBM 360/50		
1971	Plan sieht die Entwicklung integrierter Dateien mit on-line und Echtzeitanforderungen vor. 5-Jahresetat (geschätzt) 6,7 Mio Dollar.			
1972		IBM 370/155,1MB Plattenspeicher 48MB Magnetbänder 800/1600 bpi konventionelle Drucker	Betriebssystem: OS Datenbanksystem: IMS	
1974	Entwicklung eines rechnergeschützten Management-Informationssystems zur Unterstützung des Verwaltungspersonals der Universität auf allen Ebenen, die Resourcen der Universität möglichst effizient einsetzen.			

Zu Tab. 5.2.3

Jahr	Entwicklungsziele	Hardwaremaßnahmen	Softwaremaßnahmen	Bemerkungen
1975		IBM 370/158		
1978		IBM 370/158, 4MB Plattenspeicher 32000MB Magnetbänder 1600/6250 bpi Laserdrucker COM-System OCR-Leser	Betriebssystem: MVS Datenbanksystem:IMS/ VS Rel. 1.0.1 Timesharing-System: ROSCOE Berichterstellungs- sytem: MARK-IV	1972-1978: 1. <u>Organisatorische Maßnahmen</u> - Trennung der Systemsent- wicklung in 3 voneinander unab- hängige Bereiche . Studentenverwaltung . Personalverwaltung . Haushalts-, Kassen- und Rechnungswesen - Einrichtung einer geeigneten Organisationsstruktur . Steuerungsgremim auf hoher Verwaltungsebene . Plänungs- und Koordinierungs- gruppe auf mittlerer Ebene . von Benutzern angeleitete Projektentwicklungsgruppen . Datenbankgruppe . Datensicherheitsbeauftragter 2. <u>Entwicklung und Bereitstellung</u> <u>von Hilfsmitteln zur Systement-</u> <u>entwicklung</u> . Richtlinien zur technischen Durchführung . Datenelement-Wörterbuch . Software für Zugriffskontrollen . Software zur Unterstützung der Berichterstattung 3. <u>Allmählicher Übergang von reiner</u> <u>Batch- zu on-line Verar-</u> <u>beitung für geeignete Bereiche</u>

Tab. 5.2.3: Entwicklung des DV-Einsatzes im Verwaltungsbereich der University of Michigan

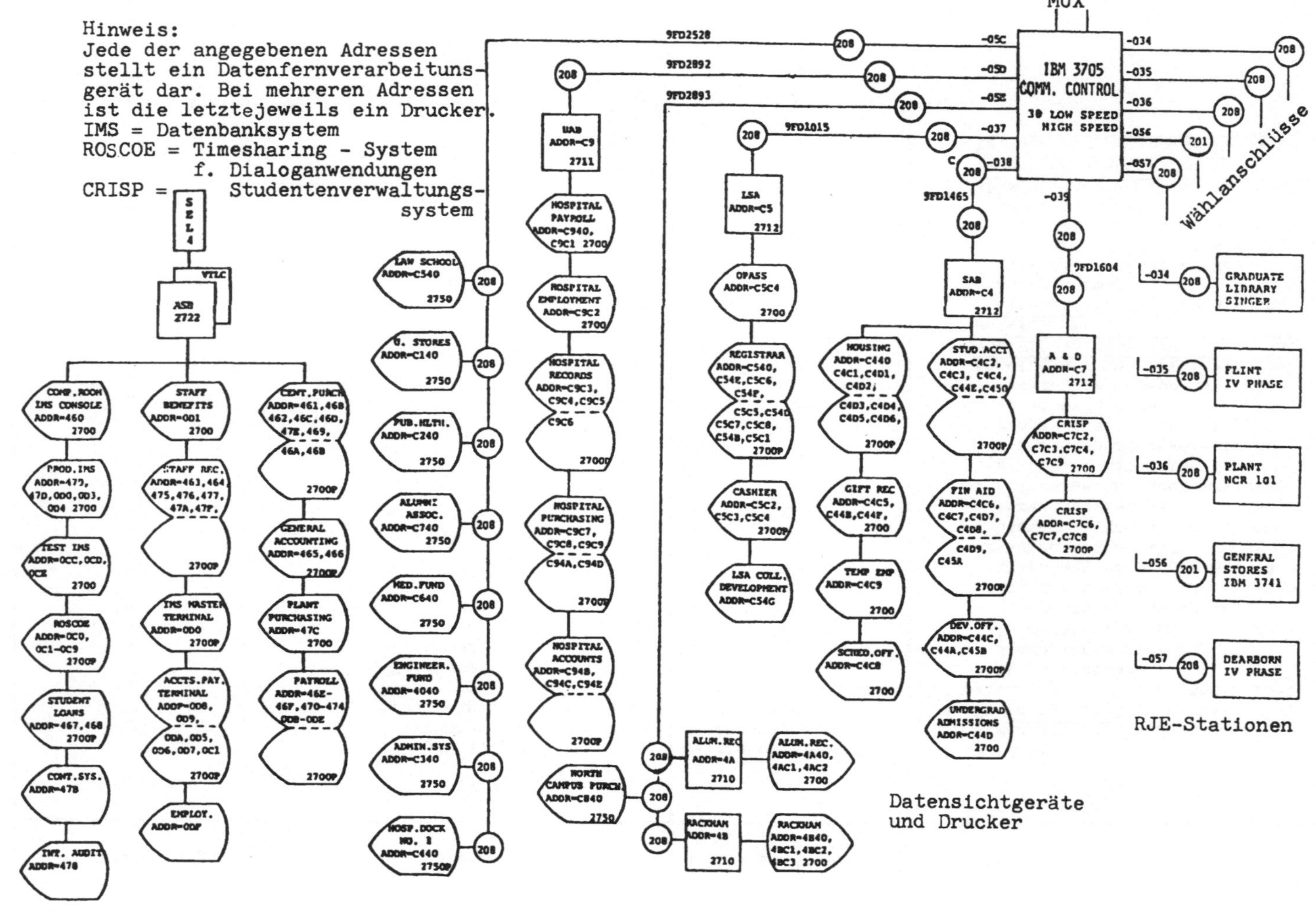

Abb. 5.2.3 Datenfernverarbeitungsnetz der University of Michigan für Verwaltungsaufgaben (Stand 2/78)

Accounting Name and Address Inquiry
Accounting Name and Address Update
Accounting Reference Inquiry
Accounting Inquiry for Vendors
Accounting Update for Vendors
Add A Course
Add and Modify Vendor Data
Add and Update Invoice Data
Add Elections for Student & Update Term Course Data Base
Add Employee Appointments
Address Inquiry (Personnel)
Add Sections to A Course
Add Student Characteristics Restricted Segments
Alternate Structure Update
Alumni Expiration Date
Alumni Update
Alumni Name Inquiry
Assign PO Number to Buyers
Audit Vendor Invoices
Automatic Update to Keep Term-Course and Course Master in Phase
Calculate Check Digit
Change or Add New Address (Personnel)
Change Employee ID Numbers
Change Invoice Payment Status
Change Sections on Term-Course Data Base
Complete Student Characteristics Record - Personal
  Information, Program and Academic Information
Course Inquiry
CRISP Tuition Assessment Inquiry
Detail to Set up Account-Initial Information
Display or Print Payroll Status Sheets
Display Invoice Data
Distribute Accounting Invoices
Enter Credit Memo and Complaint Data
Enter Data Element Text
Enter Purchase Order Data
General Accounting Journal Entries
Gift Inquiry
Gift Update
Hold Credit Inquiry
Hold Credit Release
Hold Credit Release Abbreviation
Hospital Payroll Inquiry
Housing Application Cancel
Housing Application Inquiry
Housing Application Update
Housing Bed Inquiry
Housing Bed Update

Zu Tab. 5.2.4

Housing Contract Cancellation
Housing Hall Inquiry
Housing Hall Status - List Vacancies
Housing Hall Update
Housing Hold Bed
Housing Inquiry - Facilities
Housing Placement
Housing Room Change
Housing Room Inquiry
Housing Room Swap
Housing Room Update
Housing Segment Update
Housing Student Inquiry - Information on Application & Placement
Housing Student Characteristics Update
IMS Error Code Explanation
Inquire and Update Formats
Inquire and Update Organization Code
Inquire Within Dictionary
Inquire Against Term-Course to Check on Enrollment
Inquiry of Election Activity
Inquiry of Alumni Control Number
Inquiry by Vendor Name
Inquiry by Vendor Number
List House Vacancies
List Tables Associated with Data Base
Maintain Account Control Records
Maintain Alpha Account Table
Maintain Organization Alternate Code Table
Maintain Purchasing Table Data Base
Maintain Security on Financial Tables
Maintain Vendor Table
Name Search (Personnel)
Name and Address Inquiry (Accounting)
Organization Inquiry
On-line Registration (CRISP)
Payroll Status Sheet Demonstration
Perform Mathematical Calculations
Personnel Information Inquiry on Personal Data,
   Appointment Data, or Both
Print Appointments Batch
Print Batch Lists and/or Notification Documents
Print Cash Receipt Ticket
Print Imprest Check
Print Journal Entries
Print Labels for Accounting Invoices
Print Notification of Personnel Changes
Purchase Order Creation
Purchase Order Display

Zu Tab. 5.2.4

Record Tuition Calculated by CRISP
Registration Hold Credit Release
Requisition Update and Inquire
Reset Check Number for Imprest Check
Staff Benefits Payroll Inquiry
Staff Records Payroll Inquiry
Student Account Inquiry
Student Characteristics Inquiry
Student Characteristics Name Change
Student Loan Inquiry
Student Loan Release
Term Course Inquiry
Terminal Test Pattern Display
Termination Data Update
Test Handling Control Account
Text Handling for Users
Update Academic Hold Information
Update Account Tables
Update Alternate Mailing Address
Update Alumni Donor Data Base
Update Appointment Data
Update Approved Courses
Update Dictionary
Update Enrollment Limits on Term-Course Data Base
Update Job Classification
Update Missing Section Information
Update Name and Address Data
Update Non-Employee Records
Update Non-Restricted Student Characteristics Segments
Update Organization Characteristics
Update Personnel Appointments
Update Purchase Order Data
Update Restricted Data Base
Update Student Characteristics Residence Segments
Verify Invoice Detail to Controls
Verify Accounting Remit-To Address
Void Imprest Check

Tab. 5.2.4 Derzeit verwirklichte On-line-Transaktionen
für die Verwaltungsaufgaben der University
of Michigan

Im Jahre 1978 fielen insgesamt mehr als 5 Mio on-line Transaktionen an, das sind über 12o Transaktionen pro Terminal und Tag, ein
Hinweis auf den bereits erreichen hohen Grad an On-line-Abwicklung
der Verwaltungsarbeiten. In den letzten 5 Jahren wurde an der Entwicklung neuer Systeme mit durchschnittlich 45 Programmierern und
Systemanalytikern gearbeitet und es wurden ungefähr 4 Mio Dollar
insgesamt investiert. Alle an der Universität eingesetzten Programme wurden selbst entwickelt, getestet und eingeführt. Programme von anderen Universitäten konnten nicht übernommen werden,
wenn auch ein allgemeiner Gedanken- und Erfahrungsaustausch
zwischen den Universitäten auf diesem Gebiet besteht. Die anderen
Staatsuniversitäten in Michigan verfügen ebenfalls über eigene Ver-
waltungsrechenzentren und eigene Softwareentwicklungsgruppen ähn-
licher Größenordnung (siehe Tab. 5.2.5). Zum Teil setzen selbst
die Zweig-Campusse eigene dort entwickelte Programmsysteme auf eigenen Rechenzentren ein.

Der bisherige Einsatz des Datenbanksystems IMS, mit dessen Hilfe
ein großer Teil der Anwendungen durchgeführt wird, hat gezeigt,
daß dieses System teuer im Verhältnis zu den gebotenen Leistungen
ist. Ein Großteil der in letzter Zeit erforderlichen Speicherer-
weiterungen ist auf den Einsatz von IMS zurückzuführen. Für einen
erfolgreichen Einsatz des Datenbanksystems ist eine umfangreiche
und intensive und somit auch aufwendige Schulung des Personals
unabdingbare Voraussetzung.

Nochmals vor die Entscheidung gestellt, ein Datenbanksystem einzuführen oder die Anwendungsprogramme konventionell zu erstellen,
fiele diese jedoch wieder zugunsten eines Datenbanksystems.
Einer Beschaffung ginge dann ein eingehendes Studium des derzeitigen Marktes für Datenbanksysteme voran.

Wie ein Blick auf die Konfiguration der Hardware des Rechenzentrums zeigt, wird in großem Umfang Mixed-Hardware eingesetzt,
wodurch die Kosten erheblich verringert werden konnten. Die bisherigen Erfahrungen sind durchwegs gut.

Hochschule	Studentenzahl	Rechenzentrum für die Verwaltung				Bemerkungen
		Rechenanlagen	Personalstand	Kosten ($/Jahr)	Weitere Rechenanlagen	
Central Michigan University	16.287	UNIVAC 1106 (250 k-Worte à 32 bit)	30,5	887.791,-	IBM 1130 2 PDP 8	Rechenanlage für d. Verwaltung wird auch für Lehre u. Forschung einge- setzt.
Eastern Michigan University	18.175	IBM 360-50 (512 kB)	45,5	718.883,-	DEC KL 10	
Michigan State Uni- versity	44.211	IBM 370/158 (3MB)	84	2185.242,-	CDC 6400 CDC 6500 IBM 1130 Burroughs 1700	neue Rechenanlage bestellt (IBM 3032, 6MB)
Northern Michigan University	8.950	IBM 370/138 (1MB)	28	824.479,-	DEC 11/70	
Oakland University	11.051	IBM 360/40 (256kB)	38,7	688,782,-	LSI-DEC 11	
Wayne State University	34.389	Amdahl 470 V/6 (4MB) 2 x IBM 360/67 (4 MB)	94	2161.000,-	mehrere Kleinrechner	Rechenanlagen für Verwaltung dienen auch Forschung und Lehre
Western Michigan University	20.810	IBM 370/148 (1MB)	56	842.163,-	DEC 10 (Hochschul- zentrum) 8 x PDP 8 IBM 6 (Verwaltung) mehrere Kleinrechner	
Michigan Technical University	6.387	UNIVAC 1110 (589kW)	29	1065.449,-		
Ferris State College	9.934	IBM 370/145(256kB)	21	474.849,-	-	Rechenanlage dient allen Aufgaben des Colleges
Grand Valley State College		XEROX SIGMA 6	16	387.809,-	-	
Lake Superior State College	2.580	META 4 (40 K)	7	155.954,-	-	-"-
Saginaw Valley State College		META 4 (48 K)	11	209.247,-	-	-"- Anmerkung: Alle aufgeführten Colle- ges sind 4-Jahres- Colleges.

Tab. 5.2.5 Ausstattung des DV-Bereichs der Verwaltungen der Universitäten und Colleges in Michigan (1976/1977)

Die Universität hat im letzten Jahr ihre Datenverarbeitungsaktivi-
täten im Verwaltungsbereich von einer bekannten unabhängigen Be-
raterfirma analysieren lassen. Diese hat grundsätzlich festgestellt,
daß der Aufwand für die Datenverarbeitung in der Verwaltung gerechtfertigt ist und die Ausgaben auf die verschiedenen Verwaltungsbereichen, Studenten, Personal und Haushalts-, Kassen- und Rechnungswesen, richtig verteilt sind. Für die Zukunft werden jedoch einige
Veränderungen angeregt, die nicht nur für diese Universität be-
rücksichtigenswert sind, sondern ganz allgemeine Bedeutung haben:

- Die Benutzer sind stärker in die Entwicklung der Systeme, einzubeziehen. Das Problembewußtsein der Benutzer muß gestärkt und
  ihre Beratung verbessert werden.

- Die Aufgabe der DV-Abteilung der Verwaltung ist neu zu definieren.
  Sie soll nicht Datenverwalter sondern Informationsbereitsteller
  sein mit dem Auftrag festzustellen, wie die Daten der Universität
  gemeinsam von den Verwaltungsstellen für die Gesamtuniversität
  bereitgestellt werden können und einen Plan und eine Organisationsstruktur für eine Verteilung der Verwaltungsfunktionen und
  der Daten auf die einzelnen Verwaltungsbereiche zu entwickeln.

- Das Management der Universität muß sich stärker in die DV-Aufgaben
  und -Probleme einschalten mit dem Ziel, die vorstehenden Veränderungen durchzusetzen, insbesondere
  . Prioritäten für die Entwicklung des DV-Einsatzes festzulegen
    wie
      . verstärkte Aufklärung der Benutzer durch die DV-Stellen über
        die Möglichkeiten der Datenverarbeitung
      . Schwergewicht auf die Erstellung in sich geschlossener Lö-
        sungen für einzelne Verwaltungsbereiche anstatt auf den Auf-
        bau neuer Datenbasen
  . Festlegung von Zielvorgaben für DV-Benutzer
    . Einbeziehung in die DV-Entwicklungen
    . Stärkung des Kosten-Nutzen-Denkens

. Festlegung von Projektplänen, überwachen der Fortschritte
bei der Entwicklung der Systeme und der Aufwendungen hierfür.

Außerdem wurde anläßlich dieser Untersuchung festgestellt, daß
über einen Zeitraum von 1969 bis 1978 folgende Entwicklungen
zu beobachten waren:

- Der Gesamthaushalt der Universität hat von ca. 240 Mio Dollar/
  Jahr stetig auf 460 Mio Dollar/Jahr zugenommen

- Der Anteil der Ausgaben für die DV in der Verwaltung am Gesamthaushalt stieg von anfänglich 0,5 % auf 0,9 % im Jahre 1975
  und ist seither etwa konstant. Er liegt damit unter dem an
  anderen Universitäten festgestellten Anteil.

- Der Anteil der Ausgaben für die Verwaltung am Gesamthaushalt
  (errechnet durch Subtraktion der Ausgaben für Lehre, Forschung
  und Klinikum vom Gesamthaushalt) schwankte zwischen 33 % und
  30 % mit leicht fallender Tendenz und liegt derzeit bei 31,5 %.
  Der Anteil der DV in der Verwaltung am Verwaltungsetat ist jedoch
  von anfänglich 1,1 % auf nunmehr 2,8 % gestiegen.

Diese Zahlen zeigen die Größenordnung der Ausgaben für DV in der
Verwaltung im Vergleich zu den übrigen Ausgaben der Universität
auf und lassen erkennen, daß die DV-Ausgaben stärker zugenommen
haben als andere Ausgaben. Ziel der beschriebenen stärkeren Beteiligung des Managements soll es sein, durch eine absolut und
bezogen auf die Ausgaben der Universität außerhalb Lehre und Forschung überproportionale Zunahme der Höhe der Ausgaben für die DV
in der Verwaltung, die Ausgaben außerhalb Lehre und Forschung zu
verringern.

5.2.5 Planungen

Die Planungen sehen auf dem Softwaresektor die Übernahme weiterer
Teilbereiche der Verwaltung auf das Datenbanksystem und die Anpassung eine Reihe von Programmen an die neueste Entwicklung
vor. Die zentrale Rechenanlage soll in ihrer Leistung weiter
gesteigert werden. Dabei wird auch ein Ersatz entweder durch
die derzeit im Hochschulrechenzentrum vorhandene Rechenanlage
Amdanl 47o V/6 oder durch ein neues Fremdfabrikat in Erwägung
gezogen. Ebenfalls erweitert werden wird das Plattenspeichersystem.
Für die anderen Geräte des Rechenzentrums hofft man für längere
Zeit ohne Erweiterung auszukommen.

Der Entwicklungsaufwand für neue Systeme wird für die nächsten
2 Jahre (1979 - 198o) auf 148 Mannjahre geschätzt, das entspricht
ca. 2,7 Mio Dollar (siehe Tab. 5.2.6).

System für	Mannmonat (Anzahl)		Entwicklungs- kosten ($)
	insgesamter Ent- wicklungsaufwand	davon aus Be- nutzerabteilung	
Studentenverwaltung	461	147	791.83o
Personalverwaltung	454	152	662.515
Haushalts-, Kassen- und Rechnungswesen	865	272	1.215.745
	178o	571	1.67o.o9o
Mannjahre	148	48	

Tab. 5.2.6 Entwicklungskosten für DV-gestützte Verwaltungssysteme
nach Verwaltungsbereichen für 1979 und 198o

Die Entwicklung der Systeme wird nach diesen 2 Jahren jedoch
zu einem großen Teil noch nicht abgeschlossen sein. Zu
den genannten Kosten kommen die für die Inanspruchnahme
des Rechenzentrums hinzu. Hervorzuheben ist, daß entsprechend
den Planungen die Benutzerabteilungen in hohem Maße in die
Entwicklung der Systeme miteinbezogen werden sollen; etwa 1/3
der Entwicklungsleistung soll von Ihnen aufgebracht werden.
Nur so erscheint es der University of Michigan möglich, daß die
Anforderungen der Benutzer von Anfang an in den Entwicklungs-
prozeß voll einbezogen und nach Abschluß der Arbeiten die
entwickelten Systeme von den Benutzern wirklich eingesetzt
werden. Eine Einbeziehung der Benutzer in diesem Maße setzt
jedoch auch voraus, daß sie mit den grundlegenden Methoden der
Datenverarbeitung ausreichend vertraut sind. Entsprechende Maßnahmen im Verwaltungsbereich werden ohnehin weltweit in erhöhtem Umfang erforderlich sein, wenn der Einsatz der DV vorangebracht werden soll.

5.3 University of Illinois

5.3.1 Allgemeines

Die University of Illinois ist ein Beispiel für eine Groß-
universität, die auf zwei geographische Standorte vergleich-
barer Größenordnung verteilt ist. Der größere Campus liegt in Urbana-Champaign mit 33946 Studenten. Der zweite Campus mit
2o663 Studenten liegt in Chicago mit dem daneben angesiedelten
Medical Center mit 4614 Studenten. Die Entfernung zwischen den
beiden Standorten beträgt ca. 2oo km.
Insgesamt hatte die University of Illinois Ende 1977 59223
Studenten. Der Personalstand war 21o44 (Vollzeitäquivalente)
(ohne Pflege- und Betriebspersonal für das Krankenhaus), davon
735 Verwaltungs- und 9o99 Lehrpersonal. Der Gesamtetat beträgt
derzeit 525,o9 Mio Dollar/Jahr.

Der Campus in Urbana-Champaign beherbergt 19 Schools und
Colleges (davon Natur-, Ingenieur- und Wirtschaftswissenschaften) der Campus in Chicago Circle 9 (darunter Ingenieur-
und Wirtschaftswissenschaften), das Medical Center 13.

Die University of Illinois besitzt die größte Bibliothek
der staatlichen Universitäten. Im Universitätsbereich wird sie
lediglich noch von den Privatuniversitäten Harvard und Yale
übertroffen. Insgesamt besitzt die Bibliothek 1o.742.515 Einheiten, davon 6.439.656 Monographien, der Rest sind Drucke, Filme,
Manuskripte, Noten, Karten etc. Der größte Teil des Bestandes ist
in Urbana-Champaign mit zusammen 3.889.958 Einheiten (jeweils
Stand Mitte 1977).

Die Universität wird von einem Board of Trustees geleitet, das
von der Bevölkerung des Staates gewählt wird. Die zum Betrieb der
Universität erforderlichen Mittel werden überwiegend vom Staat
Illinois bereitgestellt.

5.3.2 DV-Struktur der Universität

An der Universität werden drei Dienstleistungsrechenzentren
betrieben, nämlich:

Ort	Anlage	Bemerkungen
Chicago Circle	IBM 37o/158 mit 4MB	Einsatz für Lehre und Forschung an diesem Campus
Chicago Circle	IBM 37o/168 - 3 mit 8MB	Einsatz für Verwaltung der Gesamtuniversität einschließlich Medical Center
Urbana-Champaign	IBM 36o/75 mit 2MB, Cyber 175 mit 768 KW	Einsatz für Lehre und Forschung an diesem Campus

Neben diesen Dienstleistungsrechenzentren wurden noch eine Reihe
anderer Einrichtungen der Universität mit Rechenanlagen größerer
Leistungsfähigkeit für Spezialaufgaben ausgestattet, z.B.

- das Forschungslabor für computerunterstütze Erziehung (PLATO IV-
  System) mit einer CDC 65oo und einer Cyber 73-24 (siehe auch
  4.1.2)
- das Labor für Bauingenieurwesen mit einer Burroughs B65oo
- die Hochenergiegruppe des Physik-Departments mit einer DEC KI 1o
- das Wissenschaftslabor mit einer DEC KA 1o
- das Laboratorium für Materialforschung mit einem DEC-System 2o
- die zentrale Forschungseinheit des Medical Center mit einer
  PDP-11/5o

Für Prozeßdatenverarbeitung stehen darüber hinaus noch eine
größere Zahl kleinerer Rechenanlagen zur Verfügung.

Die Rechenanlagen der Dienstleistungsrechenzentren wurden mit Ausnahme der IBM 36o/75, die 1968 gekauft wurde, im Jahre 1976 ange-
schafft. Sie hatten zusammen einen Anschaffungswert von 8,4 Mio
Dollar. Nach obiger Aufstellung steht also für jeden der beiden

Campusse ein eigenes Rechenzentrum für Aufgaben der Lehre und Forschung zur Verfügung. Hingegen werden _alle_ Verwaltungsaufgaben
auf einem gemeinsamen sehr leistungsfähigen Rechenzentrum abgewickelt. Diese Aufgaben umfassen sogar die des Klinikums. Dies war
keineswegs immer so, sondern ist das Ergebnis eines Konsolidierungs-
plans, der auf eine Empfehlung des Board of Higher Education im EDV-
Rahmenplan für den Staat Illinois zurückgeht und der in den Jahren
1972 - 1976 in die Tat umgesetzt wurde. Ausgelöst wurde diese Entwicklung durch den steigenden Informationsbedarf zur Verbesserung
der Effizienz der Verwaltung in Zusammenhang mit dem stürmischen
Wachstum der Universität und die Forderung der zuständigen staatlichen Stellen nach mehr und besseren Planungsdaten und nach
effizienterem Einsatz der zur Verfügung gestellten Mittel. Zu
diesem Zeitpunkt besaßen beide Campusse und das Medical Center
eigene Rechenzentren für die Verwaltung. Von der Zusammenlegung
versprach man sich eine wesentliche Steigerung der Effizienz des
DV-Einsatzes durch

- geringere Kosten bei Benutzung und Betrieb der erforderlichen
  Hardware

- Verringerung der Entwicklungskosten für die DV-Systeme für die
  Verwaltung

- Reduzierung der Kosten für Aufbau und Betrieb von Datenbanken
  und den Einsatz von Softwarepaketen.

Der Konsolidierungsprozeß ist ein interessantes Beispiel
für eine Entwicklung auf stärkere Zentralisierung hin, mit dem
Ziel den für die Durchführung der Aufgaben erforderlichen
Aufwand zu reduzieren. Er soll deshalb nachfolgend dargestellt
werden:

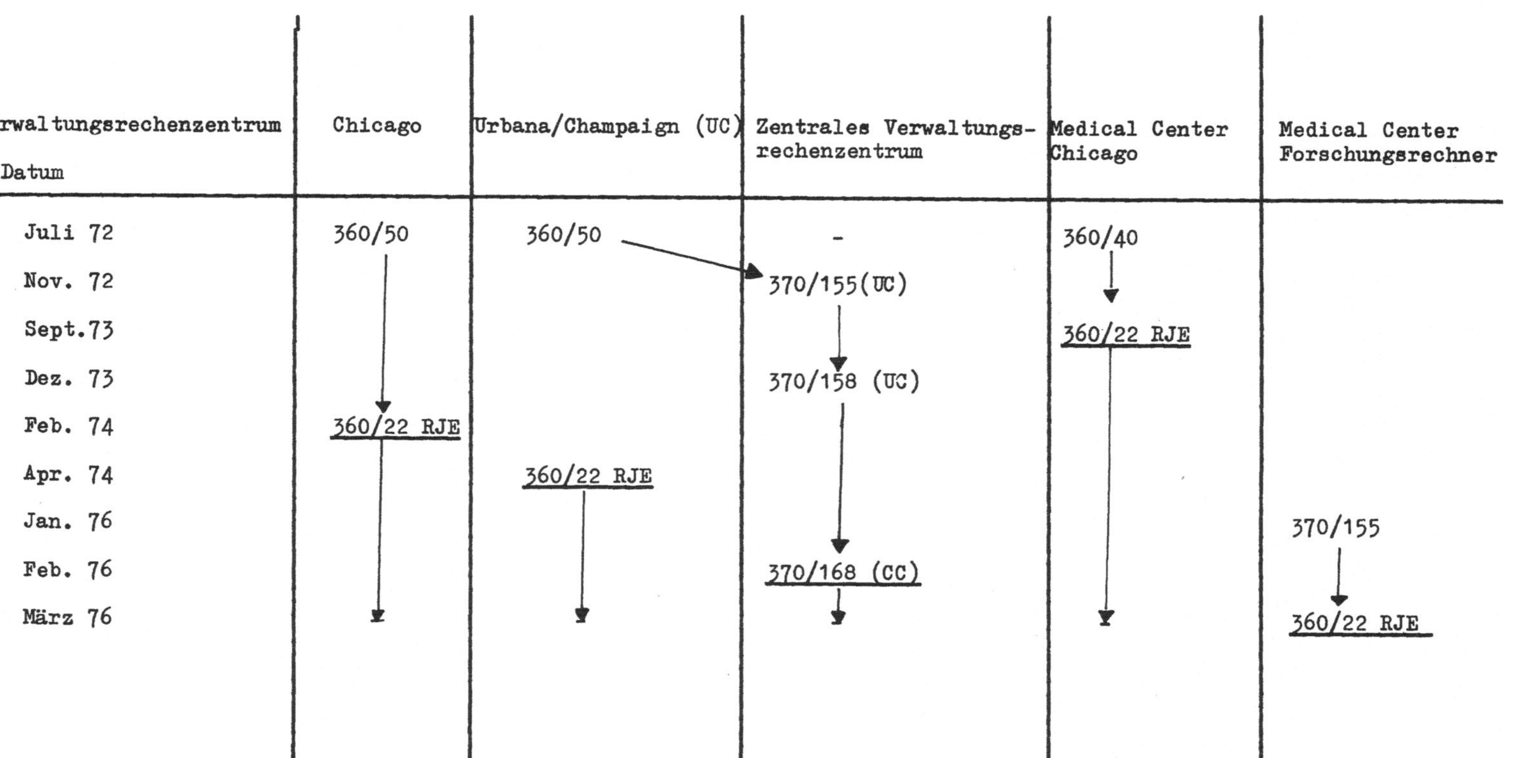

Verwaltungsrechenzentrum
Datum
Chicago
Urbana/Champaign (UC)
Zentrales Verwaltungs-rechenzentrum
Medical Center Chicago
Medical Center Forschungsrechner
Juli 72
360/50
360/50
-
360/40
Nov. 72
370/155(UC)
Sept.73
360/22 RJE
Dez. 73
370/158 (UC)
Feb. 74
360/22 RJE
Apr. 74
360/22 RJE
Jan. 76
370/155
Feb. 76
370/168 (CC)
März 76
360/22 RJE

5.3.3 Ausstattung der Universität für die Datenverarbeitung in der Verwaltung

Geräteausstattung des zentralen Verwaltungsrechenzentrums

Die heute betriebene Gesamtkonfiguration des Verwaltungsrechen-
zentrums ist in Tab. 5.3.1 wiedergegeben. Gegenüber 1977
wurde der Hauptspeicher um 2MB aufgestockt und die Magnet-
plattenspeicher um 12 Laufwerke á 317,5MB erweitert.

IBM 37o/168-3
. 8MB Hauptspeicher
. 8 Kanäle

Magnetplattengeräte
. 2 Laufwerke á 2ooMB
. 4o Laufwerke á 317,5MB

Magnetbandgeräte
. 1 Laufwerk Schreibdichte 556/8oo bpi (7-Spur)
. 2 Laufwerke Schreibdichte 16oo/8oo bpi (9-Spur)
. 19 Laufwerke Schreibdichte 625o/16oo bpi (9-Spur)

Papierverarbeitungsperipherie
. 1 Drucker 1ooo Zeilen/Minute
. 1 Lochkartenleser/-stanzer

Datenfernübertragungssteuerungseinheiten
. 3 IBM 37o5 mit 131 asynchronen Anschlüssen
  (davon 37 Wählanschlüsse) und 47 synchronen Anschlüssen
  (fest verdrahtet)

Tab. 5.3.1 Geräteausstattung des zentralen Rechenzentrums für DV
in der Verwaltung (1973)

Als Betriebssystem wird OS/MVS, für die Datenbankanwendungen
IMS eingesetzt.
Timesharing-Anwendungen werden über die Systeme TSO bzw. CICS
betrieben.

Datenbankauswertungen erfolgen über das Softwarepaket Mod 2o4
der Computer Corp. of America.
Die Verwaltung verfügt damit über eine sehr leistungsfähige Rechenanlage. Die Anzahl der angeschlossenen Terminals
ist dem Rechenzentrum selbst, wegen der Anwählmöglichkeit nicht
genau bekannt. Sie dürfte jedoch noch erheblich über der Anzahl
der Leitungen liegen.

Personalausstattung

Die Aufgaben wurden an der University of Illinois so verteilt,
daß das zentrale Verwaltungsrechenzentrum den hard- und Software-
mäßigen Betrieb des zentralen Rechners sicherstellt und allgemein
einsetzbare gemeinsame Entwicklungen durchführt. Hierfür werden
auch die dort beschäftigten Systemanalytiker und Programmierer eingesetzt. Die DV-Abteilungen der einzelnen Campusse haben neben dem
Betrieb der lokalen DV-Geräte insbesondere die Entwicklung, Programmierung und Betreuung von Anwendungssystemen durchzuführen; dafür
wird insgesamt gesehen sogar der überwiegende Teil des Personals
eingesetzt. Die Personalausstattung im einzelnen ist in Tab. 5.3.2
dargestellt. Ein Vergleich mit 5.3.1 zeigt, daß ein erheblicher
Teil des Gesamtpersonals der Universität nämlich 1,4 % in der DV
in der Verwaltung eingesetzt ist.

Kosten des zentralen Rechenzentrums

Die Aufteilung der Ausgaben für das zentrale Rechenzentrum im Jahre
1977 auf die einzelnen Kostenarten ist in Tab. 5.3.3 dargestellt.
Die Kosten für die Hardware nehmen einen verhältnismäßig hohen Anteil von 42 % der Gesamtkosten ein, zusammen mit den DFÜ-Eingabege-
räten 64 %, obwohl die Anlage gekauft ist. Dies ist darauf zurückzuführen, daß in den angegebenen Kosten neben der Wartung auch Abschreibungen enthalten sind. Das gleiche gilt für alle anderen gekauften Geräte. Das Rechenzentrum erhält im wesentlichen nur die
Personalkosten von der Universität unmittelbar zugewiesen. Alle
anderen Kosten werden von den Benutzern in Form von Gebühren, die
für die Benutzung zu entrichten sind, aufgebracht.

Personalkategorie	Anzahl (FTE)				%(bezogen auf jew. Summe)		% (bezogen auf gesamtes DV-Personal)
	Zentrales Rechenzentrum	Abteilung Verwaltungs-DV			Zentrales Rechenzentrum	Abteilung Ver.-DV Urbana-Ch.	
		Urbana-Ch.	Chicago Circle	Medical Center			
Management	5	5			12,5	4	5,1
Systemanalyse							28,8
Programmierung	12	53*)			30	44	18,9
Operating							13
Rechenanlage Peripherie	13	19			32,5	16	
Arbeitsvorbereitung u. Nachbearbeitung	-	15				12,5	
Verwaltungsunterstützung	4	9			10	7,5	34,2
Datenerfassung	-	16				13,5	
Sonstiges Personal	6	3			15	2,5	
Summe	4o	12o	58	75	1oo	1oo	
DV-Personal im Verwaltungsbereich an der University of Illinois, insgesamt	293						1oo

Tab. 5.3.2 Personalausstattung der University of Illinois für DV in der Hochschulverwaltung (1977)

*) Darin sind enthalten für
- Entwicklung neuer Systeme   18
- Systemplanung   4
- Berechnungen und schnelle Informationsbereit-
 stellung   4
- Studentenverwaltungssystem   6
- Ausleihautomatisierung der Bibliothek   4
- Finanzsystem   1o
- interne Unterstützung   7
                 53

Kostenart	Kosten (∅)	% der DV-Gesamtkosten
Personal	583.000	14,5
Hardware	1.704.000	42
Software	112.000	3
Datenfernübertragung (DFÜ)	411.000	10
. Leitungskosten . Modems/Multiplexer . Datenfernübertragungs- steuereinheiten	. 180.000 . 83.000 . 148.000	
DFÜ-Eingabegeräte . RJE-Stationen . Synchrongeräte . Asynchrongeräte	888.000 . 310.000 . 494.000 . 84.000	22
weitere Geräte	192.000	4,5
Verbrauchsmaterial	67.000	1,5
sonstige Ausgaben	89.000	2,5
DV-Gesamtkosten	4.046.000	100

Davon aufgebracht durch	

. zugewiesene Uni-
  versitätsmittel
  (im wesentlichen
  Personalkosten)
	17

. Benutzergebühren	83

Tab. 5.3.3 Kosten des zentralen Rechenzentrums für DV in der Verwaltung (1977)

5.3.4 Stand der Datenverarbeitung und bisherige Erfahrungen

Zu den Ausgaben der DV-Abteilungen für die Verwaltung an jedem
der beiden Campusse und für das Medical Center konnten keine Angaben
gemacht werden. Es ist jedoch davon auszugehen, daß es sich im
wesentlichen um Personalausgaben handelt und die Personalstruktur
und damit die Personalausgabenstruktur etwa mit der des zentralen
Rechenzentrums übereinstimmt. Die Aufwendungen dürften demnach
bei ca. 3,7 Mio Dollar/Jahr liegen, das ergibt zusammen mit denen
für das zentrale Rechenzentrum ca. 7,75 Mio Dollar/Jahr. Der Jahres-
etat der Universität ist 585 Mio Dollar; der prozentuale Anteil
der Verwaltungs-DV hieran somit jedenfalls unter 1,5 % (Betrag
enthält auch Abschreibungen).

Die Entwicklung der Ausgaben für den Betrieb des Verwaltungsrechenzentrum in den Jahren von 1974 bis 1978 ist in Abb. 5.3.1
dargestellt. Die Ausgaben haben sich demnach von 1975 auf 1977
mehr als verdoppelt.

Der Anstieg der Personalkosten ist vor allem darauf zurückzuführen,
daß sich der Personalstand von 25 auf 40 Personen erhöhte. Der
Rückgang der Personalkosten für 1978 gegenüber 1977 ist auf eine
organisatorische Maßnahme zurückzuführen (Ausgliederung des Vice
President für Verwaltungsinformationssysteme und seines Stabes
aus dem gemeinsamen Verwaltungsrechenzentrum). Die in Anspruch
genommene Rechenleistung gemessen in CPU-Stunden pro Jahr erhöhten
sich in 4 Jahren um den Faktor 4 (siehe Abb. 5.3.2) auf 6000 OS-
CPU-Stunden auf der 370/155, die Anzahl der bearbeiteten Batch-Jobs
pro Jahr um den Faktor 2,6 auf 260 000 (siehe Abb. 5.3.3) und die
Dialoganschlußzeit von Null auf 250 000 Stunden (siehe Abb. 5.3.4).
20,8 % der Rechenleistung werden derzeit über on-line Dialog in
Anspruch genommen (siehe Tab. 5.3.5).

Bei der geschilderten DV-Struktur im Verwaltungsbereich ist es
von besonderem Interesse, wie sich die in Anspruch genommene
Rechenleistung auf die einzelnen Anwendungen aufteilt. Hierzu
wurde statistisches Material erarbeitet, daß in Tab. 5.3.3 bis
5.3.5 zusammengestellt ist.

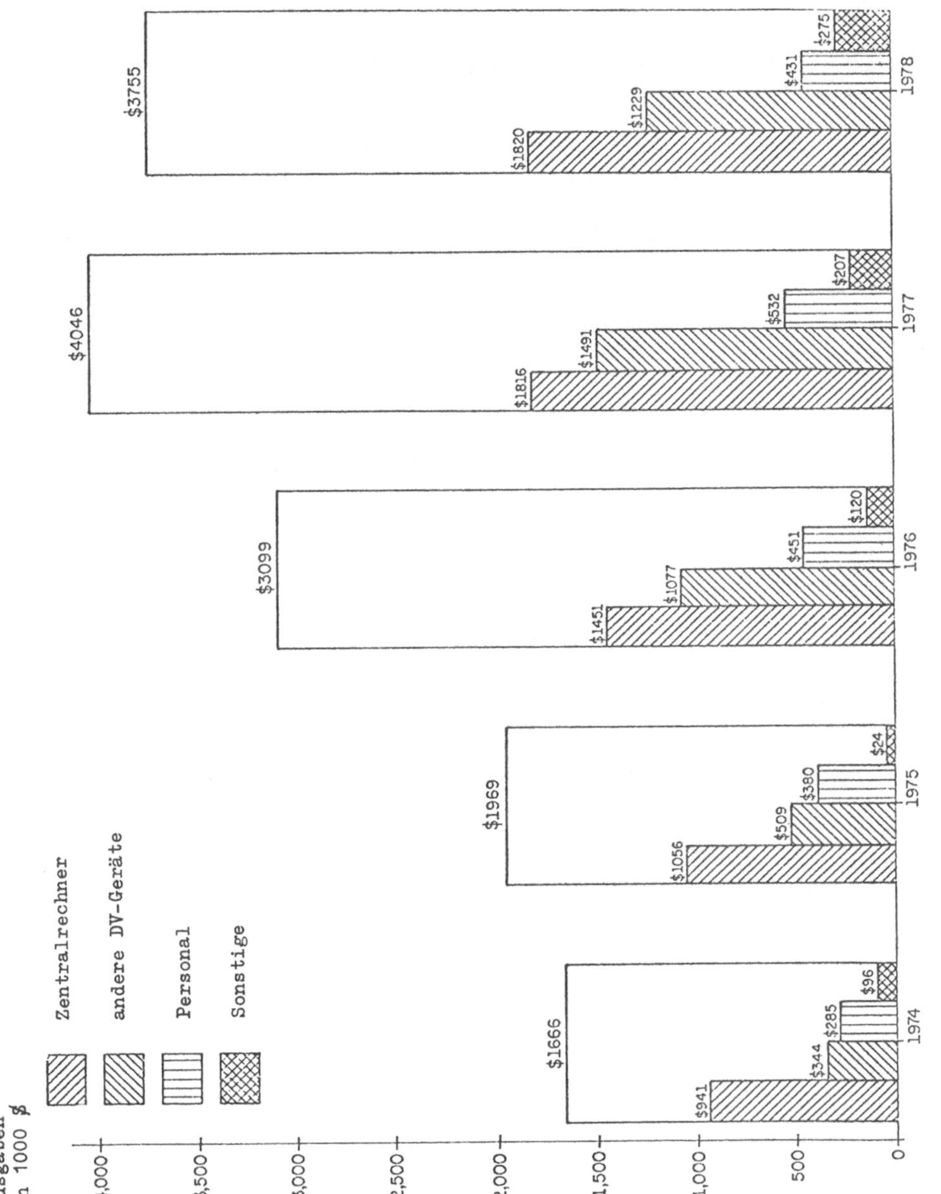

Abb. 5.3.1 Entwicklung der Ausgaben des zentralen Rechenzentrums für die DV in der Verwaltung in den Jahren 1974 - 1978

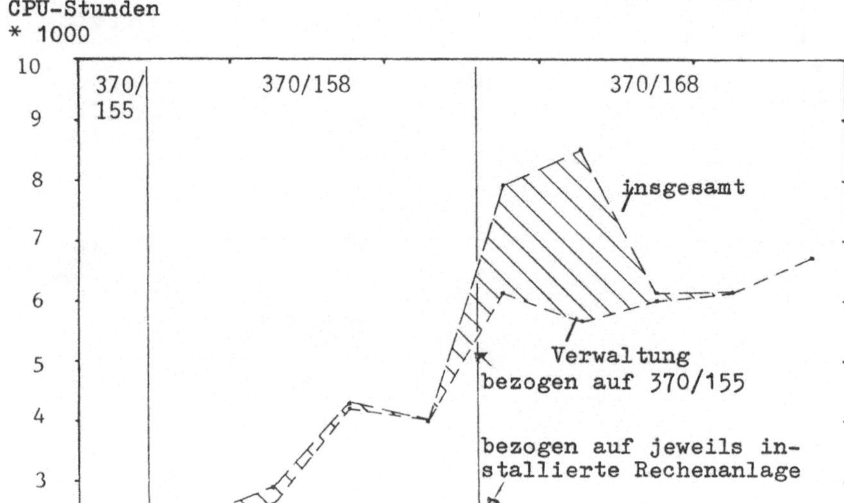

Abb. 5.3.2 Abgegebene Rechenleistung (CPU-Stunden) des zentralen
Rechenzentrums für die DV in der Verwaltung in den
Jahren 1974 - 1978

Anzahl Batch-Jobs
* 100.000

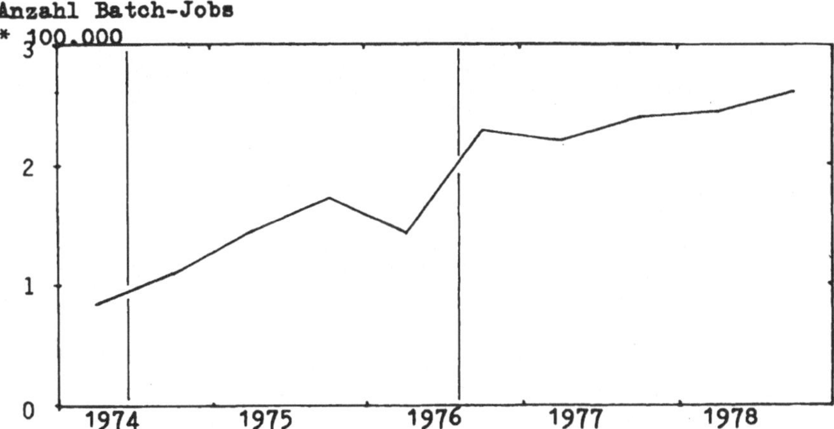

Abb. 5.3.3 Bearbeitete Batch-Jobs für alle Benutzer des zentralen
Rechenzentrums für die DV in der Verwaltung in den
Jahren 1974 - 1978

Anschlußzeit
Stunden * 100.000

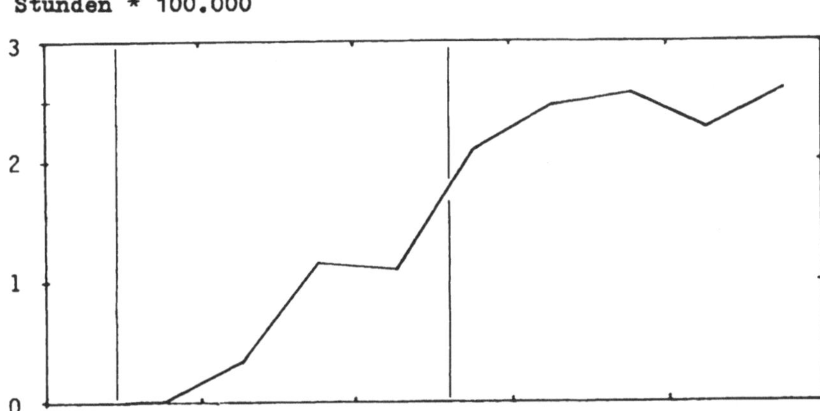

Abb. 5.3.4 Anschlußzeit aller interaktiven Geräte (in Stunden)
am zentralen Rechenzentrum für die DV in der Verwaltung in den Jahren 1974 - 1978

Benutzer	%-Anteil für 1978	%-Anteil für 1977
Medical Center	45,2	48,6
Urbana-Champaign Campus	3o,3	24,1
Chicago Circle Campus	17,4	19,3
zentrale Entwicklung von Verwaltungsinformations-systemen	7,1	7,9
zusammen	1oo	1oo

Tab. 5.3.3 Aufteilung der abgegebenen Rechenleistung des zentralen Rechenzentrums für die DV in der Verwaltung auf die einzelnen Bereiche der Universität im Jahr 1977 und 1978 bezogen auf die gesamte abgegebene Rechenleistung

Anwendungsbereich	% – Anteil bezogen auf jeweilige Summe			
	Medical Center	Urbana-Ch. Campus	Chicago Circle Campus	zusammen
– Business Affairs (im wesentlichen Lohn- und Gehaltsabrechnung, Buchhaltung und Zahlungsverkehr)	16.4	19.6	17.5	19.4
– Zulassung von Studenten und Studentenverwaltung	-	9,7	9,9	4.6
– Krankenhaus (im wesentlichen Patientenaufnahme und Patientenabrechnung)	41.5	-	-	18.8
– Verwaltungsstellen der Colleges	4.9	5.4		3.8
– Bibliotheken	-	8.2	2.2	2.9
– finanzielle Unterstützung der Studenten	-	3.1	6.0	1.9
– Andere	37.2	44.0	64.4	48.6
zusammen	100.0	100.0	100.0	100.0

Tab. 5.3.4 Hauptbenutzer des zentralen Rechenzentrums für die DV in der Verwaltung im Jahre 1978 nach Anwendungsbereichen

Benutzer	Batch	On-line-Dialog	Anteil an Gesamtrechen-leistung
Medical Center	34,9	1o,5	45.2
Urbana-Champaign Campus	24,8	5,5	3o,3
Chicago Circle Campus	13,1	4,3	17,4
zentrale Entwicklung von Informationssystemen	6,2	o,7	7,1
zusammen	79	2o,8	1oo

Tab. 5.3.5 Benutzung der Rechenanlage des zentralen Rechenzen-
trums für die DV in der Verwaltung für Batch und
On-line-Dialog bezogen auf die gesamte abgegebene
Rechenleistung

Daraus ist ersichtlich, daß der größte Benutzer das Universitäts-
klinikum ist, mit einem Anteil von 45,2 % der insgesamt in Anspruch
genommenen Rechenleistung. Die größte einzelne Aufgabe ist die Abrechnung der Löhne und Gehälter mit einem Anteil von 19,4 % an der
gesamten abgegebenen Rechenleistung, gefolgt von Patientenaufnahme
und Patientenabrechnung mit 18,8 %. Trotz der großen Anzahl von angeschlossenen Sichtgeräten wird lediglich 1/5 der gesamten Rechenleistung über Dialog und 4/5 werden in Batch in Anspruch genommen.
Dennoch liegt der Anteil der Dialogverarbeitung erheblich über dem
Durchschnitt der Hochschulen der USA, wie ein Vergleich mit Tab.
5.1.1 zeigt.

5.3.5 Planungen

Im September 1979 soll die vorhandene Rechenanlage auf eine 37o/168MP
(Doppelprozessoranlage) aufgestockt werden, um den entsprechenden
Bedarf an Rechenleistung abdecken und höhere Verfügbarkeit erreichen
zu können. Man schätzt dann max. bis zu 6oo gleichzeitig angeschlossene Terminals bedienen zu können. Als weitere wichtige Neuanwendung
kommt möglicherweise ein landesweites Bibliotheksausleihesystem
mit 25o Terminals dazu. Für die Anwendungen aus dem Bereich der
Medizin wird erwogen, sie wieder aus dem allgemeinen Rechenzentrum
auszugliedern und ein eigenes Rechenzentrum einzurichten.

5.4 University of California, Berkeley (UCB)

5.4.1 Allgemeines

Die University of California ist eines der großen, staatlichen
Universitätssysteme der USA, das sich über den Gesamtstaat
Californien erstreckt. Das Gesamtuniversitätssystem besteht
aus 9 Campussen (siehe Tab. 5.4.1).

Ort	Gründungsjahr	Studentenzahl (Ende 1976)
Berkeley (UCB)	1868	29.o84
Davis (UCD)	19o5	17.2o1
Irvine (UCI)	1965	9.531
Los Angeles (UCLA)	1919	32.132
Riverside (UCR)	19o7	4.989
San Diego (UCSD)	1912	1o.168
San Francisco (UCSF)	1973	3.473
Santa Barbara (UCSB)	1944	14.691
Santa Cruz (UCSC)	1965	6.134
insgesamt		127.4o3
davon Undergraduate		9o.318
Graduate		25.576
Medizin		11.141
Marinewissenschaft		188

Tab. 5.4.1 Struktur der University of California

Der Gesamtetat 1976/77 betrug 1.6o4,8 Mio Dollar. Er wurde zu
44,6 % vom Staat Californien und zu 18,1 % vom Bund aufgebracht.
Der Rest verteilt sich auf andere Finanzierungsquellen. Bei den
Ausgaben stehen an 1. Stelle die Dienstleistungen für die Lehre mit
34,9 %, gefolgt von Lehre und Forschung der Departments mit 27,6 %
und organisierter Forschung mit 2o,5 %.

Durch Gesetz wurde die University of California zur primären, staat-
lich unterstützten Forschungseinrichtung bestimmt. Ihr wurde außerdem unter den öffentlichen Einrichtungen in Californien als einziger
das Recht eingeräumt, den Doktorgrad zu verleihen (in einigen, genau
festgelegten Fällen in Verbindung mit den staatlichen Colleges).

5.4.2 DV-Struktur der Universität

Nach einer im Jahre 1978 erfolgten Neuorganisation der DV an der
UCB sind nunmehr alle DV-Aktivitäten zentral unter dem Direktor of
Computing Affairs zusammengefaßt. Dies betrifft sowohl die Verwal-
tung als auch den Bereich Lehre und Forschung, nicht jedoch die
Bibliothek, die weiterhin für das ganze Universitätssystem der
University of California zentral betreut wird, sowie für das Kli-
nikum, das für ihre DV-Belange selbst zuständig ist.

Für den Bereich Lehre und Forschung betreibt das Hochschulrechenzentrum der UCB eine CDC 6400. Für numerische Berechnungen großen
Umfangs steht die CDC 7600 des Lawrence Berkeley Laboratory zur
Verfügung. Die bisherige Politik bestand darin, unter Ausnützung
dieser besonderen Gegebenheiten möglichst geringe Mittel für die Bereitstellung eigener Rechenkapazität im Hochschulrechenzentrum zu
binden, die dadurch freien Mittel ihrerseits für den Ankauf von
Rechenzeit, z.B. auch an dem nahegelegenen, mit einer Reihe von
Größtrechnern ausgestatteten Lawrence Livermoore Laboratory oder
auch anderen Hochschulrechenzentren der University of California
zu verwenden und sich im eigenen Hochschulrechenzentrum auf die
effiziente Abdeckung des Rechenbedarfs besonders wichtiger Teilbereiche zu konzentrieren. So wurden die CDC 6400 wegen ihrer besonderen Eignung zur Abwicklung einer großen Anzahl kleinerer Batch-
Jobs und 5 PDP-11-Systeme zur Abdeckung des Bedarfs an interaktivem
Rechnen insbesondere im Bereich der Ausbildung (siehe auch 4.1.1)
beschafft.

Mit den Rechenzentren der anderen Campusse ist das Hochschulrechenzentrum der UCB über normale Telefonleitungen verbunden mit Ausnahme der Campusse in San Francisco und Los Angeles, zu denen speziell
gemultiplexte Leitungen geschaltet sind. Insgesamt wurde im Jahre
1975/76 Rechenzeit im Umfang von 35.000,-- Dollar von anderen Campussen in Anspruch genommen. Das ist nicht besonders viel. Das Hochschulrechenzentrum der UCB ist auch an das ARPA-Netz und an TELENET
angeschlossen, wodurch die bereits früher erwähnten Verbindungen zu
einer Reihe von Rechenanlagen unterschiedlichster Art im gesamten
Lande möglich sind. Die Benutzung dieser Netzwerke erfolgt jedoch
nur sporadisch.

Neben diesen Systemen standen im Jahre 1977 insgesamt 137 kleinere
Rechenanlagen für Spezialaufgaben zur Verfügung, die im Zeitraum von
1966 - 1977 beschafft worden waren. Unter der genannten Zahl sind
auch 12 Systeme enthalten, die im Rechenzentrum für intelligente Ein-
zelarbeitsplätze, als Knoten im Datenfernverarbeitungsnetz, als Steuer-
einheiten für Plattenlaufwerke und Plotter und als Teilevorrat eingesetzt werden. Nahezu alle Geräte sind gekauft. Der Anschaffungspreis
dieser kleineren Rechner lag zwischen 6.ooo Dollar und 25o.ooo Dollar.

5.4.3 Ausstattung der UCB für die Datenverarbeitung in der Verwaltung

Geräteausstattung

Die Verwaltungsarbeiten der UCB wurden bisher auf mindestens 5 verschiedenen Rechenanlagen abgewickelt, so auf der IBM 37o/65 der
Zentralverwaltung des Universitätssystems in Berkeley die allen
Campussen der Universität gemeinsamen DV-unterstützten Verwaltungs-
systeme und auf der CDC 64oo oder einem der PDP-11-Systeme des Hoch-
schulrechenzentrums Automatisierungssysteme der einzelnen Departments.
Das Studentenverwaltungspaket (Registrierung) wurde auf einer eigens
dafür beschafften IBM 37o/115 betrieben.
Die Planungen für den weiteren Einsatz der DV an der University of
California, wie sie im Rahmenplan für die Gesamtuniversität für die
Jahre 1977 - 1982 niedergelegt wurden (von ihnen wird nachfolgend
noch im Detail zu sprechen sein), haben bereits Auswirkungen gezeigt.
So wurde kurz vor dem Besuch bereits eine IBM 3o31 installiert, auf
der die Verwaltungsarbeiten des Campus abgearbeitet werden sollen,
soweit sie nicht von dezentralen Systemen erledigt werden, sowie ein
erstes dezentrales System, eine Tandem 16 für die Aufgaben der Studentenverwaltung (Zulassung und Studentendatei).

Personalausstattung

Für die Datenverarbeitung in der Verwaltung standen im Jahre 1977/
78 für Systemanalyse und Programmierung 27,5 Vollzeitäquivalente an
Personal zur Verfügung. Das Bedienungspersonal (Operateure) ist im
Hochschulrechenzentrum integriert und nicht gesondert ausgewiesen.
Desgleichen fehlen Angaben über die bisher ausgegebenen Sachmittel
für diese Aufgaben.

5.4.4 Stand der Datenverarbeitung und bisherige Erfahrungen

Die Bearbeitung der meisten Verwaltungsfunktionen erfolgt bereits
derzeit mit Hilfe von DV-unterstützten Verwaltungssystemen. Eine
Untersuchung, die Ende 1977 abgeschlossen wurde, zeigte jedoch,
daß keines dieser Systeme mit Ausnahme einiger unabhängiger, von
Departments selbst entwickelter, als den bestehenden und zukünftigen Anforderungen der Verwaltung angemessen betrachtet wird.
Die DV-unterstützten Verwaltungssysteme für die grundlegenden Arbeiten der UCB wurden von der Verwaltung des Gesamtuniversitäts-
systems entwickelt und werden von ihr betreut und betrieben. Die
Anfänge dieser Systeme und ihre Konzepte gehen auf die Größe und
die Verwaltungs- und Managementanforderungen aus den Jahren vor
1960 zurück.

Zu dieser Zeit bestand die Hauptforderung in der Erstellung
periodischer Berichte zur Weitergabe vom Campus zur Verwaltung
der Gesamtuniversität und von dort zum Staat oder zum Board of
Regents. Die DV-unterstützten Verwaltungssysteme waren dement-
sprechend mehr dafür konzipiert Berichte zu liefern, als dafür,
die operationelle Ebene zu unterstützen. Ihr systemtechnischer
Entwurf stützt sich auf die DV-Verarbeitungsmöglichkeiten von
vor 1o bis 15 Jahren. Es erscheint interessant festzuhalten,
daß nach Ansicht der UCB die Komplexität des Verwaltungshandelns
seither stark zugenommen hat, eine Tatsache, die auch in
Deutschland an den Hochschulen beobachtet und z.T. schmerzlich
empfunden wird. Eine bereits 1966 durchgeführte Studie zu den
Anforderungen von Management, Planung und der ausführenden
Stellen der Verwaltung an DV-unterstützte Verwaltungssysteme
kam zu den gleichen grundlegenden Ergebnissen wie die Studien
Ende 1977. In den zurückliegenden 11 Jahren konnte jedoch
der Anspruch, die benötigten Daten und Informationen in ange-

messener Güte und rechtzeitig zu erhalten, trotz großer Ent-
wicklungsanstrengungen nicht befriedigt werden.

Die vorhandenen DV-unterstützten Verwaltungssysteme haben eine
Reihe von schwerwiegenden Mängeln. Sie werden nachfolgend
zusammengestellt, weil sie symptomatisch für in dieser Zeit
entwickelte System sind:

- Die Datenbestände können nur schwer oder überhaupt nicht für
  Spezialberichte verwendet werden; oft dauert es Wochen oder
  Monate, die erforderlichen Informationen zusammenzustellen
- Notwendige Standarddaten sind oftmals nicht in den Dateien
- Neue Datenelemente können an die Datenbestände nicht oder
  nur schwierig angefügt werden
- Die festgelegten Zyklen für den Änderungsdienst der Dateien
  und für die Erstellung der Berichte sind oftmals unzureichend,
  können jedoch nicht geändert oder voneinander getrennt werden
- Daten eines Systems können nicht leicht von einem anderen
  System benutzt werden; automatisierter Datenaustausch zwischen
  den Systemen ist praktisch nicht vorhanden.

Aus den genannten Gründen und weil die Programme in bis zu 6 verschiedenen Programmiersprachen abgefaßt wurden und z.T. auf sehr
unterschiedlichen Rechenanlagen implementiert sind, besteht
keine Hoffnung, die vorhandenen Systeme als Grundlage für
ein neu aufzubauendes integriertes Informationssystem verwenden
zu können. Es wird eine völlige Neuentwicklung notwendig sein.

In Tab. 5.4.2 sind die derzeit eihgesetzten Systeme nach den
Bereichen, die die Verantwortung für Entwicklung, Pflege und
Ausführung der Produktionsläufe haben, zusammengestellt: Demnach
wird bereits jetzt die überwiegende Zahl von DV-unterstützten
Systemen vom Campus betreut. Allerdings handelt es sich dabei
größtenteils um kleinere, weniger aufwendige Systeme.

Verantwortliche Stelle	Anzahl der DV-unterstützten Verwaltungssysteme
Verwaltung der Gesamtuniversität	21
UCB	11
Departments der UCB	32
von Stellen außerhalb der Universität ausgeführt	7

Tab. 5.4.2 Anzahl der DV-unterstützten Verwaltungssysteme und
für sie verantwortliche Stellen

5.4.5 Planungen

Aus der Schilderung des derzeitigen Standes des DV-Einsatzes
im Verwaltungsbereich der Universität in 5.4.4 ist die Notwendigkeit einer <u>völligen Neuorientierung</u> für die weitere Entwicklung von DV-unterstützten Verwaltungssystemen bereits ersichtlich. Die Arbeiten hierzu wurden von einer Planungsgruppe
begonnen, die das Ergebnis ihrer Untersuchungen im April 1976
vorlegte. Dieses führte in der Folge

- zur Aufgabe der bis dahin gültigen Philosophie einheitlicher
  Systeme für die Gesamtuniversität (noch im Jahre 1976)

- zum Auftrag, Analyse und Planung weiter zu verfeinern

- zur Entscheidung, die bislang der Verwaltung der Gesamtuniversität übertragenen Aufgaben von Pflege und Betrieb
  von DV-unterstützten Verwaltungssystemen der Verantwortung
  der Einzeluniversität zu überstellen.

Als nächster Schritt wurde im März 1977 ein Rahmenplan zur Erstellung eines Universitätsinformationssystems mit einem Konzept-
vorschlag und einem Zeitplan für die Übernahme der bisher von der
Verwaltung der Gesamtuniversität betriebenen DV-unterstützten Verwaltungssysteme vorgelegt. Anschließend wurden die Anforderungen
für die neuen Systeme durch 1o6 strukturierte Interviews von 14o
Angehörigen der Universität (Mitarbeiter der Universitätverwaltung,

Repräsentanten des Department-, College- und Forschungsmanagements)
ermittelt, schließlich ein Modell für ein Informationssystem für
die UCB entwickelt und ein Gesamtplan für die Bereitstellung von
Informationssystemen für die Jahre 1978 - 1981 erarbeitet.

Das Modell für ein Informationssystem für die UCB geht in Überein-
stimmung mit den Planungen der Gesamtuniversität davon aus, daß
der Campus die Verantwortung für folgende Tätigkeiten übernimmt:

- Betrieb und Weiterentwicklung der vorhandenen DV-unterstützten
  Verwaltungssysteme der UCB
- Übernahme, Betrieb und Weiterentwicklung von DV-unterstützten
  Verwaltungssystemen, die derzeit von der Verwaltung der Gesamt-
  universität betreut werden
- Entwicklung, Pflege und Betrieb der neuaufzubauenden Datenbanken
  und der Systeme zur Unterstützung der Anforderungen der UCB aus
  Management, Planung und Verwaltung
- Bereitstellung aggregierter Daten für die Verwaltung der
  Gesamtuniversität, um die Außenverpflichtungen der Universität
  zu erfüllen.

Das Modell stellt Methoden für die Organisation und Klassifizierung
von Systemen und Projekten, sowie deren Planung und Management zur
Verfügung. Hierzu wird der gesamte Verwaltungsbereich der Universität in die Funktionsbereiche

Studenten (z.B. Zulassung, Immatrikulation, Belegen von Kursen,
                Prüfungen, finanzielle Unterstützung),

Curriculum (z.B. Anerkennung von Kursen, Stundenplanerstellung,
                Raumverteilung, Anzeige von Voraussetzungen zum
                Erwerb von akademischen Graden),

Personal (z.B. Lohn- und Gehaltsabrechnung, Einstellung und
                Ausstellung von Personal, Mitgliedschaft in
                akademischen Gremien, Schulungs- und Förderungs-
                maßnahmen),

Finanzen (z.B. Buchhaltung, Zahlungsverkehr, Überwachung der
                Ausgaben),

Räume, Gebäude (z.B. Raum- und Gebäudedatei, technischer Betrieb
der Anlagen),
Material (z.B. Inventarverwaltung, Einkauf),
Planung (z.B. Planungssystem allgemein, Etatanalyse),
Externe Beziehungen (z.B. Versandsysteme, Alumni)
eingeteilt.

Für jedes zu entwickelnde System wurde eine Priorität in der
Reihenfolge kritisch, hohe Bedeutung, von allgemeiner Bedeutung
für den Campus, Benutzerwunsch und untergeordnete Bedeutung
vorgegeben und ein genauer Plan für Analyse und Entwurf,Pro-
grammierung und Einführung, Pflege und Überprüfung und Pro-
duktion und Betrieb als Grundlage für die begleitende Bericht-
erstattung über den Fortgang der Arbeiten an die zuständigen
Gremien und für eine Meilensteinanalyse festgelegt.
Die _Zielvorstellung_ für alle Systementwicklungen ist der
Aufbau eines integrierten Informationssystems für die grundlegenden Verwaltungsfunktionen. Hierauf sollen alle verfügbaren Ressourcen des Campus immer stärker und letztlich ausschließlich konzentriert werden. Dabei wird von den vorstehend
genannten Funktionsbereichen als Kristallisationspunkten für
Datenbankanwendungen ausgegangen. Für die Verwaltung der Datenbestände können dabei Datenbanksysteme im eigentlichen Sinn
des Wortes eingesetzt werden, aber möglicherweise ebenso andere Datenverwaltungssysteme. Das entscheidende Merkmal wird sein,
daß die Datenbestände in vollem Umfang über Terminals allen Stellen zugänglich sein werden, die sie zur Erfüllung der ihnen of-
fiziell übertragenen Aufgaben benötigen. Die Datenbanksysteme
haben ein Maximum an Datenaustauschmöglichkeiten von einem DV-
unterstützten Verwaltungssystem zu anderen sicherzustellen und
die derzeit verfügbaren, im wesentlichen manuellen Methoden abzu-
lösen, die Doppelerfassung von Daten nicht verhindern können und
mit umfangreichen Eingabesätzen voluminöse Berichte erstellen,
die für gezielte Fragestellungen jedoch oft wenig hilfreich
sind.

Es wird angestrebt, ein vorgegebenes Datenelement im Idealfall
nur einmal in den Datenbeständen der Universität zu führen
und diese zentral fortzuschreiben. Man ist sich jedoch dessen
bewußt, daß Berichterstellung und adhoc-Anfragen aus dem Datenbestand extrahierte Dateien und Wiederholung von Datenelementen
erforderlich machen können.

Um die anstehenden Aufgaben lösen zu können, wurde folgende
<u>Organisationsstruktur</u> geschaffen, die für ähnliche Problemstel-
lungen als Beispiel dienen kann:

1) Einrichtung eines Office of Computing Affairs (OCA) mit der
   Aufgabe, die Zielvorgaben für die Erstellung der Informationssysteme zu entwickeln und fortzuschreiben und die langfristige
   Planung zu erstellen, die Mittel aus den zentral zur Verfügung
   gestellten Etatansätzen den Einzelaufgaben zuzuweisen, sich
   mit der Gesamtuniversitätsverwaltung abzustimmen und die Ausführung der Arbeiten zu überwachen und hierüber der Führungs-
   spitze der Universität zu berichten.

2) Schaffung eines Steuerungsgremiums mit der Aufgabe den Vize
   kanzler und den Direktor OCA in allen Fragen bezüglich des
   Aufbaues der Informationssysteme zu beraten. Den Vorsitz im
   Steuerungsgremium hat der Vizekanzler für Verwaltungsangele-
   genheiten; weitere Mitglieder sind die Vorsitzenden der Be-
   nutzergruppen für die einzelnen o.g. Funktionsbereiche, ein
   Vertreter der Rechnerkommission der UCB, ein Vertreter der
   Senatskommission für Rechenanlagen und der Direktor OCA.

3) Einrichtung von Benutzergruppen für die einzelnen Funktionsbereiche. Sie setzen sich aus Verwaltungsfachleuten aus den
   zentralen Bereichen zusammen und beraten das Steuerungsgremium.

Die für die Verwirklichung des vorgeschlagenen Plans entstehen-
den <u>Kosten</u> werden in Tab. 5.4.3 wiedergegeben (reine Personalkosten für Entwicklung und Pflege der Systeme ohne Kosten für
Betrieb und Produktionsläufe)

Jahr	Anzahl Personen	Mio Dollar	Bemerkungen
77/78	27,5	o,775	derzeitiger Stand
78/79	36,5	1.215	
79/8o	56,o	1.888	
8o/81	64,7	2.191	
81/82	59,3	<u>1.971</u>	
		8.o4o	

Tab. 5.4.3 Geschätzte Kosten für Entwicklung und Pflege DV-unter-
stützter Verwaltungssysteme an der UCB in den Jahren bis
1982

Da es sich bei dem angegebenen Personal nur um Systemanalytiker
und Programmierer handelt, bedeutet das, daß für die UCB etwa gleich-
viel Personal zur Verfügung steht, wie z.B. an der University of
Michigan und der University of Illinois für den gleichen Zweck
bereits vorhanden ist.

Die Entwicklungskosten für die DV-unterstützten Systeme verteilen
sich dabei auf die einzelnen Funktionsbereiche wie in Tab. 5.4.4
zusammengestellt.

Funktionsbereich	78/79	79/8o	8o/81	insgesamt
Studentenverwaltung	478	586	567	1.631
Haushalts-, Kassen- und Rechnungswesen	124	656	597	1.377
<u>andere Systeme</u>	<u>222</u>	<u>154</u>	<u>291</u>	<u>667</u>
gesamte Entwicklungs-kosten	824	1.396	1.455	3.675

Tab. 5.4.4 Entwicklungskosten für DV-unterstützte Systeme der UCB
nach Funktionsbereichen für die Jahre 78/79 - 8o/81 in
1ooo Dollar

Daraus ist ersichtlich, daß der größte Entwicklungsaufwand für die
Studentenverwaltung anfällt, gefolgt von den Systemen für Haus-
halts-, Kassen- und Rechnungswesen. Lediglich 18 % des Entwick-
lungsaufwandes werden für andere Systeme aufzuwenden sein. Das
ist vor allem darauf zurückzuführen, daß in den anderen Bereichen
viele Systeme von der Verwaltung der Gesamtuniversität im Rahmen
der Dezentralisierung übernommen werden können. Nicht enthalten
in obigen Tabellen sind Kosten für die Entwicklung von Systemen
durch einzelne Benutzer.

Insgesamt werden für Bereitstellung und Betrieb der Systeme
die in Tab. 5.4.5 wiedergegebenen Mittel angesetzt.

Kostenart	78/79	79/80	8o/81	insgesamt	%-bezogen auf 9 Mio Dollar
Entwicklung	824	1.396	1.455	3.675	41
Pflege ferti-ger Systeme	321	397	641	1.359	15
Betrieb	1.155	1.24o	1.315	3.71o	41
Verwaltungs-aufwand (Overhead)	7o	95	95	26o	3
Gesamtkosten	2.37o	3.128	3.5o6	9.oo4	1oo

Tab. 5.4.5 Gesamtkosten für Bereitstellung und Betrieb DV-unter-
           stützter Verwaltungssysteme für die UCB in den Jahren
           78/79 - 8o/81 in 1ooo Dollar

Demnach sollen in den drei Jahren von Mitte 1978 bis Mitte 1981
insgesamt 9 Mio Dollar aufgewendet werden, eine ganz beträchtliche
Summe. Leider waren keine Unterlagen über Kosten/Nutzen-Unter-
suchungen verfügbar. Aus der Tatsache, daß die Entscheidung zur
Entwicklung dieser Systeme von der Gesamtuniversität getroffen
wurde, sollte man jedoch in den kostenbewußten USA ersehen können,
daß die Vorteile gegenüber dem derzeitigen Zustand so überzeugend
sind, daß der Aufwand gerechtfertigt ist.

Am größten werden demnach die Kosten für den Betrieb der Systeme
sein, dicht gefolgt von den Entwicklungskosten mit jeweils ca.
41 % der Gesamtkosten.

Mit den beschriebenen Entwicklungskosten sollen die Arbeiten für die
folgenden wesentlichen Aufgaben in den einzelnen Funktionsbereichen
bis spätestens Mitte 1981 abgeschlossen werden:

<u>Studentenverwaltung</u>
. Informationssystem für die Zulassung von Undergraduates
. Dezentralisierung des bestehenden Studentenverwaltungssystems
  und Entwicklung eines Datenerfassungsmoduls hierfür
. Aufbau der Datenbank für Studentenverwaltung als Basis für
  ein integriertes Studentenformationssystem
. finanzielle Unterstützung der Studenten

<u>Curriculum</u>
. Lehrveranstaltungssystem (Ausgabe des Vorlesungsverzeichnisses,
  Stundenplan)

<u>Personalverwaltung, Haushalts-, Kassen- und Rechnungswesen</u>
. Übernahme des neuen Abrechnungs-/Personalsystems
  (Entwicklung selbst wird von der Verwaltung der Gesamt-
  universität durchgeführt, die auch die Kosten dafür trägt)
. Übernahme des Systems für Verwaltung von Verträgen und Zuwen-
  dungen Dritter von der Verwaltung der Gesamtuniversität
. Automatisierung der Kassengeschäfte
. Haushaltssystem

<u>Raum- und Gebäudeverwaltung</u>
. Übernahme des Raum- und Gebäudeverwaltungssystem von der
  Verwaltung der Gesamtuniversität

<u>Materialverwaltung</u>
. Übernahme des Inventarverwaltungssystems von der Verwaltung
  der Gesamtuniversität
. Entwicklung eines neuen Inventarverwaltungssystems
. automatisierte Abwicklung des Einkaufs

<u>Planung</u>
. Übernahme des Informationssystems über Lehrkapazität von der
  Verwaltung der Gesamtuniversität
. Entwicklung eines campuseigenen Informationssystems
  über Lehrkapazität
. System zur Analyse der Haushalts- und Abrechnungsdaten

<u>Externe Beziehungen</u>
. Entwicklung eines automatisierten Versandsystems

Für die Verwirklichung dieser Planungen muß neue Hardware für
die UCB beschafft werden. Die <u>Struktur des Hardwaresystems</u>
sieht eine ausgewogene Bereitstellung zentraler und dezentraler
Geräte vor, die eine flexible Anpassung an ein weites Spektrum
von Anwendungen ermöglicht. Die wichtigsten Kennzeichen sind:

- Bereitstellung eines eigenen Zentralrechners mittlerer Leistungsfähigkeit für die Universitätsverwaltung für umfangreiche
  Batch-Aufgaben und für den Aufbau und Betrieb der Datenbanken
  (hierfür war kurz vor dem Besuch eine IBM 3031 installiert
  worden; möglicherweise wird dieser Rechner auch für DV-Aufgaben
  der Verwaltung der Gesamtuniversität zur Verfügung stehen)

- Beschaffung von (möglicherweise bis zu 5) dezentralen Klein-
  rechnern für On-line-Datenerfassung und Auswertungen der
  Departments und für einzelne lokale Anwendungen; diese Klein-
  rechner werden mit dem Zentralrechner verbunden sein und
  Zugriff auf die in den dort geführten Datenbanken gespeicherten
  Daten haben

- Eigenständige, nicht mit dem Zentralrechner verbundene
  Kleinrechner für Spezialanwendungen

- Benutzerterminals für Direktzugriff mit Anschluß an den Zentralrechner oder die Kleinrechner; diese Terminals sollen über den
  gesamten Campus verteilt an Orten des Bedarfs aufgestellt werden

- Datenerfassungssystem (zentral und dezentral; hierfür war vor
  kurzem ein Key-Edit-1ooo-System beschafft worden).

Zusammenfassend ist festzustellen, daß die erforderlichen
Anstrengungen, um das gesteckte Ziel zu erreichen, nicht gering
sind. Wegen der Bedeutung, die der Verwaltungsautomatisierung
zugemessenen wird, ist man jedoch auch bereit, alle erforderlichen Voraussetzungen zu schaffen.

5.5 Zusammenfassung und Ausblick

Zusammenfassend ist festzustellen, daß Datenverarbeitung an
den großen Universitäten der USA in erheblichem Umfang für
die Unterstützung der Verwaltungsaufgaben eingesetzt wird.
Die Aufwendungen für diesen Bereich können die Aufwendungen
für Datenverarbeitung in Forschung und Lehre bei weitem
übertreffen. Dies ist im wesentlichen auf den höheren Per-
sonalaufwand zurückzuführen, weil entsprechend dem großen
Umfang der eingesetzten bzw. erforderlichen DV-unterstützten
Verwaltungssysteme umfangreiche Entwicklungs- und Betreu-
ungsmannschaften erforderlich sind. Auch verglichen mit dem
Gesamtaufwand für die Verwaltung einer Hochschule sind die
Aufwendungen für die Datenverarbeitung erheblich und werden
voraussichtlich noch steigen.

Nach einer Faustformel kann man davon ausgehen, daß eine
Universität ab ca. 15.000 Studenten ein eigenes Verwaltungsrechenzentrum getrennt vom Hochschulrechenzentrum für Lehre
und Forschung besitzt. In der Regel sind die beiden dann
auch organisatorisch getrennt. Das Verwaltungsrechenzentrum
wird dem Verwaltungsbereich, das Hochschulrechenzentrum
dem akademischen Bereich zugeordnet. Bei kleineren Hochschulen werden aus wirtschaftlichen Überlegungen alle Aufgaben der Lehre, Forschung und Verwaltung auf einem Rechenzentrum durchgeführt oder man setzt sogar Fremdrechenzentren
ein

Die Entwicklung der erforderlichen DV-unterstützten Verwaltungssysteme erfolgt an den großen Hochschulen durch eigene Ent-
wicklungsgruppen. Ein Erfahrungsaustausch bezüglich Aufbau,
Entwicklung, Einführung und Betrieb von Systemen wird auf
nationaler Ebene auf freiwilliger Basis gefördert. Hierfür
wurde eigens die Organisation CAUSE (College and University
System Exchange) in Boulder, Colorado ins Leben gerufen.
CAUSE führt eine Dokumentation über alle an den Hochschulen

eingesetzten DV-unterstützten Verwaltungssysteme und stellt sie
den Mitgliedern zur Verfügung. Im Jahre 1977 wurden ca. 600
derartige Dokumentationen auf Anforderung versandt. An den
besuchten Universitäten wurden jedoch nirgends Systeme vorgefunden, die von anderen Hochschulen dorthin übertragen
worden waren. Hier scheinen ähnliche Schwierigkeiten zu bestehen wie in Deutschland. Man zieht eigene maßgeschneiderte
Systeme vor.
Der Nutzen von CAUSE wird mehr darin gesehen, daß allgemein
ein Erfahrungsaustausch erfolgen kann. Hierfür organisiert
CAUSE u.a. jährliche nationale Konferenzen über DV in der
Hochschulverwaltung, die großen Anklang finden. Desweiteren
bietet es die Möglichkeit, schnell und gezielt Informationen
über vorhandene Systeme und Kontakte mit den entwickelnden
Stellen zu erhalten. Sie können von großem Wert in der Vorunter-
suchungsphase eines Projekts sein.

Bei kleineren Hochschulen besteht eher die Neigung, Systeme
zu übernehmen. Darauf haben sich bereits einige Software-
firmen spezialisiert, die diesem Bereich besonders angepaßte
Systeme anbieten. So beabsichtigte z.B. das Rensselaer Poly-
technic Institute in Troy, N.Y. (5.500 Studenten), alle erforderlichen Programme von Firmen zu erwerben und hat hierfür
300.000 Dollar eingeplant.

Was Datenbanksysteme betrifft, so werden diese im Verwaltungsbereich der Hochschulen immer größere Anwendung finden.

Die Entwicklung bezüglich der Hardwareausstattung des Verwaltungsbereiches der Hochschulen wird, soweit aus den Verhält-
nissen an den besuchten Institutionen erkennbar, zunächst
zwei verschiedene Wege verfolgen, nämlich
- den Betrieb von Universalrechnern und
- den Einsatz von Kleinrechnern für spezielle Aufgaben.

Der Kleinrechnereinsatz wird vor allem dort angegangen werden,
wo die derzeit verwendeten Systeme den Anforderungen nicht mehr
genügen und größere Neuentwicklungen für geschlossene, jedoch
überschaubare Bereiche erforderlich werden. Jedoch wird auch in
diesen Fällen ein zentraler größerer Rechner nicht entbehrlich
sein (für Entwicklungsarbeiten und größere oder stark hierarchi-
sche oder vernetzte Systeme).

Wo durch erhöhte Zentralisierung, ggf. noch zusätzlich verbunden
mit Kauf oder Leasing der Anlagen bereits höhere Wirtschaftlich-
keit erreicht werden konnte und neuere Konzepte verwirklicht
wurden, die möglicherweise auch von der vorhandenen Hardware
zumindest z.T. abhängig sind, wird die zentrale Lösung noch
längere Zeit unverändert Bestand haben. Dies wird auch für solche
Hochschulen gelten, deren Rechenzentren neben den Aufgaben der
Forschung und Lehre noch ausreichend freie Kapazität für die
Verwaltungsaufgaben bereitstellen können.

Kosten/Nutzen-Analysen spielen bei uns in den Phasen der Vor-
untersuchung und der Hauptuntersuchung für die Einführung eines
DV-unterstützten Verwaltungsverfahrens eine große Rolle. In den
USA fand ich an keiner Stelle etwas Vergleichbares vor. Auf Be-
fragen war in der Regel die Antwort, daß so etwas wohl früher
einmal gemacht worden sei, aber sich die Ergebnisse bei nähe-
rer Betrachtung für den Fachmann immer als sehr zweifelhaft er-
wiesen hätten oder daß dies wohl jemand gemacht habe, ohne daß
man jedoch die Person oder die Stelle hätte genau bezeichnen können. Ein weiteres Argument war, daß die Hardwarekosten auch in
Zukunft weiterhin fallen, die Personalkosten jedoch steigen werden und somit der Trend eindeutig in Richtung Automatisierung
weise. Mein persönlicher Eindruck ist, daß diese für die kostenbewußten USA überraschende Einstellung zu Kosten/Nutzen-Analysen
vor allem dadurch eine Erklärung findet, daß man sich bereits in
einer zweiten Periode der Automatisierung befindet, in der vorhandene, bewährte DV-unterstützte Verfahren den beim bisherigen
Einsatz der Systeme gemachten Erfahrungen und der Weiterentwicklung der Technologie angepaßt werden.

6. Datenverarbeitung im Bibliotheksbereich der Hochschulen

6.1 Allgemeines

Der Einsatz der Datenverarbeitung im Bibliotheksbereich ist in
den USA erheblich weiter fortgeschritten als hierzulande. Über
Systeme, deren Verfügbarkeit für die Bibliotheksarbeit in Deutschland noch an einer Reihe von wissenschaftlichen Bibliotheken
als Fortschritt angesehen werden müßte, spricht man dort gar
nicht mehr. Man setzt sie ein. Sie sind in gewisser Weise
zur Selbstverständlichkeit geworden. Dies betrifft insbesondere das System des OCLC (Ohio College Library Center). Fast
jede der besuchten Hochschulen hat einen Direktanschluß an
dieses System. In der Regel über mehrere Terminals. Der Rest
verfügte über eigene Systeme.

Neben dem bereits weltweit bekannten System des OCLC, über das
umfassend in der Literatur berichtet wurde, und BALLOTS (Bibliographic Automation of Large Libraries using on-line Time-
sharing), für das ähnliches gilt, sind in letzter Zeit noch
weitere Systeme getreten, die sich diesen gegenüber insbesonders durch die Einbeziehung der Erwerbung in die Automatisierung und/oder durch die Möglichkeit, einem Netzwerk
von Bibliotheken einen On-line-Katalog mit umfassenden Such-
möglichkeiten zur Verfügung zu stellen, auszeichnen. Insbesondere sind hier das LDMS (Library Data Management System)
der University of Chicago (siehe 6.2) und das WLN (Washington
Library Network) im Staate Washington zu nennen. Sie werden
von vielen Bibliothekaren als mögliche Basis für eine Übertragung in andere Regionen eingeschätzt. Bevor auf einige
neuere Überlegungen zur Bibliotheksautomatisierung eingegangen wird, sei nachfolgend Entwicklung und derzeitiger
Stand von OCLC und BALLOTS einführend dargestellt.

OCLC ist eine gemeinnützige, vom Staat Ohio getragene Einrichtung, die 1967 ihre Arbeit aufnahm. On-line-Katalogisierung und gemeinsame Katalogisierung wurden Mitte 1971 aufgenommen. 1973 wurden die Dienste von OCLC auch außerhalb des Staates Ohio den Bibliotheken angeboten. Heute wird das System von über 1.200 Bibliotheken in 44 Staaten der USA eingesetzt. Es stehen über 3,7 Mio Titelaufnahmen on-line zur Verfügung.

Für den Betrieb des Systems stehen 4 Großrechner XDS SIGMA 9 bereit, 2 weitere dienen Off-line-Aktivitäten. Zusätzlich sollen noch 2 dieser Rechner beschafft werden. Für die Datenfernverarbeitung sind 30 kleinere Rechner vorhanden. Für Datenbankabfragen ist ein TANDEM 10-Rechner installiert. An das System sind insgesamt 2158 Terminals angeschlossen.

Die angeschlossenen Bibliotheken katalogisieren derzeit auf dem System über 200.000 Titel/Woche. In der gleichen Zeit werden fast 1,5 Mio Katalogkarten gedruckt. Das System wird von einem Stab von 250 Mitarbeitern betrieben.

Die Arbeit des Bibliothekars mit dem System läuft in der Regel so ab, daß er an einem eigens dafür entwickelten Datensichtgerät einige Buchstaben oder Ziffern (üblicherweise einige Buchstaben aus dem Namen des Autors und aus dem Titel) eingibt. Daraufhin werden Titelaufnahmen, die diesem Suchschlüssel genügen, am Sichtgerät angezeigt.

Die Titelaufnahme kann in der vorliegenden Form akzeptiert oder in jedem ihrer Teile abgeändert werden. Anschließend wird eine Funktionstaste gedrückt, mit der Katalogkarten in Auftrag gegeben werden. Diese werden über Nacht im OCLC-Zentrum in Columbus, Ohio, gedruckt und anschließend versandt. Sofern ein sofortiger Ausdruck erforderlich ist, kann er auch auf einem der an das System anschließbaren Drucker in der jeweiligen Bibliothek direkt ausgegeben werden.

Störend beim Einsatz des Systems wirkt sich aus, daß gelegentlich wegen der hohen Anzahl der angeschlossenen Termi-

nals längere Antwortzeiten auftreten, sowie daß jede eingegebene Titelaufnahme voll gespeichert wird, auch wenn sie
sich nur geringfügig von bereits vorhandenen unterscheidet.
Für die Weiterentwicklung des Systems ist vorgesehen, bis
Mitte 1979 die Möglichkeit der Fernleihe und bis Anfang 1981
die Erwerbung in das System einzubeziehen.

BALLOTS nahm seine Arbeit ebenfalls 1967 auf. Bis vor kurzem
wurde es lediglich von einer Institutionen, der Stanford University (nahe San Francisco) und dort nur von einigen Bibliotheken benutzt. 1975 schlossen sich 7 öffentliche Bibliotheken
über Fernschreiber an. Seither haben sich weitere Bibliotheken
entweder ebenfalls über Fernschreiber oder über Sichtgeräte
unter Verwendung von TYMNET (einem öffentlichen Netz für Datenübertragung) oder normale Telefonleitungen angeschlossen.
Die bibliographische Datenbank enthält über 1 Mio Titelaufnahmen on-line. Im wesentlichen sind darin die MARC-Aufnahmen
der Library of Congress sowie durch den Katalogisierungsstab
der Stanford University eingegebene Titelaufnahmen enthalten.
Gemeinsame Katalogisierung ist erst seit Mitte 1976 möglich.
Derzeit haben 120 Benutzer einen Benutzungsantrag gestellt
und erteilt bekommen. 1977 waren es 24 Bibliotheken, die
on-line an BALLOTS angeschlossen waren. Sie katalogisierten
wöchentlich ca. 5.000 Titel.
Das System wird am Rechenzentrum der Stanford University mit
einer IBM 370/168 sowie zusätzlichen Einrichtungen für Daten-
fernübertragung und Druck usw. betrieben. Die Benutzung erfolgt über eigens entwickelte Terminals (ZENTEC 9003 bzw. ZMS-
90). Insgesamt sind derzeit 57 Terminals an das System angeschlossen. Der Stab zum Betrieb des Systems beträgt ca. 30
Mann.
Die größte Stärke des Systems liegt in seiner Möglichkeit,
die Datenbestände unter Zuhilfenahme verschiedenster Datenelemente zu durchsuchen. Dabei kann "natürliche Sprache"

verwendet werden, d.h. es können Worte aus dem Namen des Autors oder aus dem Titel und auch Bruchstücke davon logisch verknüpft und damit die Datenbank durchsucht werden. Desweiteren kann mit Schlagwörtern gesucht werden, eine Möglichkeit, die OCLC nicht hat.

Zur Weiterentwicklung des Systems ist vorgesehen, die Dateienstruktur für Netzwerksbetrieb geeignet zu machen, ein Authority Control System einzuführen (d.h. es wird sichergestellt, daß alle eingegebenen Titelaufnahmen gewissen Regeln genügen) und die Erwerbung einzubeziehen. All dies soll noch 1979 erfolgen.

Anschließend soll näher auf das Bibliotheksautomatisierungssystem der University of Chicago eingegangen werden, das im Mittelpunkt bereits sehr konkreter Überlegungen zur Erweiterung und Übertragung des Systems steht und die Grundlage für die in 6.3 dargestellten Planungen bildet.

6.2. Das Bibliotheksautomatisierungssystem LDMS der University of Chicago

6.2.1 Allgemeines

Die Bibliothek der University of Chicago besteht aus einer
Zentralbibliothek, der Undergraduate Library (im wesentlichen
Lehrbuchsammlung) und 9 Fachbereichsbibliotheken, die über den
Campus verteilt sind. Der Buchbestand ist 3,6 Mio Bände, der
Personalstand über 4oo. Für diese Bibliothek wurde ein inte-
griertes Bibliotheksautomatisierungssystem geschaffen.
Die Universität selbst hatte Ende 1975 7.95o Studenten, 1o4o
Mitglieder des Lehrkörpers und 6.4oo sonstiges Personal.

6.2.2 Entwicklungsziele und Ablauf des Projektes

Das Projekt zur Entwicklung eines Automatisierungssystems für
die Bibliothek der University of Chicago hatte folgende Ziele:

- Beschleunigen und Erhöhen der Effizienz des Zugriffs auf
  die bibliographischen Daten und ihrer Verarbeitung

- Schaffen der Voraussetzungen zur Anpassung der Organisation
  an die neuen Verhältnisse

- Aufbau einer Datenbank mit den Eigenschaften:
  . änderungsfreundlich
  . möglichst maschinenunabhängig
  . übertragbar
  . erweiterbar auf andere Anwendungen und andere Benutzer

- Einbeziehen der Anforderungen aller bibliothekarischen Bereiche - Akzession, Erwerbung, Katalogisierung, Ausleihe,
  Einbandstelle - einschließlich Ausdruck von Katalogkarten

Die Arbeiten zur Verwirklichung des Systems begannen im Jahre
1971. Die ersten beiden Jahre wurden darauf verwandt, die Anforderungen an eine Datenbank für bibliothekarische Zwecke
im Detail zu untersuchen und ein Datenbanksystem auszuwählen,
das den Anforderungen genügte. Mit dem Aufbau des On-line
Ausleihesystems wurde Mitte 1976 begonnen. Auch dieses letzte
Teilsystem ist derzeit voll in Betrieb. Damit sind die wichtigsten Ziele im wesentlichen erreicht worden. Jedoch laufen auch
derzeit noch Weiterentwicklungen bzw. Arbeiten zur Ergänzung des
Systems. Das System führt die Bezeichnung Library Data Management
System (LDMS). Früher war auch der Name HERMES gebräuchlich.

6.2.3 Implementierung des Systems

Allgemeines

LDMS ist modular aufgebaut. Die Modularität orientiert sich
jedoch mehr daran wie die Daten verarbeitet d.h. gespeichert,
gepflegt, übertragen, systemintern bearbeitet und am Sichtgerät
dargestellt, als daran, für welche bibliothekarischen Aufgaben
(z.B. Bestellen, Katalogisieren) die Daten verwendet werden.
Dadurch wird das System von speziellen Dateneingabe- und Daten-
ausgabegeräten, von Datenübertragunsprotokollen und -geschwindig-
keiten, von der Art der Systemspeicher und der Speicherung der
Daten und von Ausgabeformularen und -formaten unabhängig. LDMS
ist somit vom Entwurf her auf ein Datenbanksystem angelegt, das
von Bibliothekaren und Benutzern zugleich eingesetzt werden kann,
wobei jede der beiden Gruppen Zugriff zu verschiedener Hardware
und zu getrennten Datenbeständen, Programmen usw. haben kann.

Das System kann deshalb so ausgelegt werden, daß es alle Daten,
die zur Automatisierung einer größeren Forschungsbibliothek erforderlich sind, speichern und verarbeiten kann. Es wurde außerdem so ver-
allgemeinert, daß es auch für andere Anwendungsbereiche in der Universität eingesetzt werden kann und erlaubt - z.B. zusammen mit Programmen aus dem allgemeinen Verwaltungsbereich - gemeinsamen Zugriff
auf Daten von gemeinsamen Interesse wie Studenten- und Personaldaten.

Ein wichtiges Entwurfskriterium für das Datenbanksystem war,
daß die Datenerfassung zentral und koordiniert verwaltet wird,
so daß jedes Datum nur einmal eingegeben werden muß und dann
für alle Verarbeitungen verfügbar ist und mit einer Anfrage von
einem Terminal aus der gesamte Datenbestand durchsucht werden
kann.

Das System ist von Anfang an darauf ausgelegt, von mehreren
Bibliotheken gemeinsam benutzt oder an eine andere Bibliothek
übertragen zu werden.

Von der bibliothekarischen Seite her gesehen bietet das
System folgende Verarbeitungsmöglichkeiten:

- Datenbanksuche nach bibliothekarischer Information für bestellte, in Verarbeitung befindliche oder im Katalog einge-
  tragene Bestände (für Akzession und für die Ermittlung angeforderter Literatur)

- Eingabe und Korrektur bibliothekarischer Daten. Diese erfolgen
  über Terminals durch das Personal der Bibliothek oder durch
  Stapelverarbeitung, wenn Fremdleistungen (MARC-Bänder der
  Library of Congress (LCMARC)) in Anspruch genommen werden. Bei
  Eingabe über das Terminal wird die Datenerfassung und die
  Korrektur unmittelbar im Terminal ohne Zuhilfenahme des Zentral-
  rechners vorgenommen. Nur die Datenübertragung und die nach-
  folgenden Abläufe belasten den Zentralrechner.

- Bestellung und Eingangsüberwachung (mit einer Reihe von
  Funktionen um Bestellungen aufzugeben, zu überwachen, zu
  stornieren, zu ändern und den Eingang der Bestellung festzu-
  halten)
- Katalogisierung
- Ausdruck von Etiketten und Buchkarten für die beschafften
  Bücher
- Ausleihe

Aufbau und Inhalt der Datenbank

LDMS hat eine Mehrdateienstruktur. Die bibliographischen Daten
werden in drei getrennten Dateien on-line bereitgehalten (siehe
auch Abb. 6.2.1):

Die LC/MARC Datei (Active Marc File) enthält die von der Library
of Congress in den zurückliegenden 1o - 25 Wochen gelieferten
Daten (ca. 2oooo - 25ooo Titel). Nach der Bibliotheksstatistik
sind sie die am häufigsten für die Auswahl, Bestellung und
Katalogisierung benötigten Daten. Von diesen Daten wird ein
Sicherungsband off-line gehalten.

Die Datei bibliographischer Daten (Bibliographic Item File) enthält alle Eintragungen für den Bestand in Sprachen mit lateinischem
Alphabet, wie sie für die LC/MARC-Formate für Bücher, Serien und
Musik beschrieben werden. Diese Datei enthält ca. 5oo.ooo Titelaufnahmen aus den Jahren 1958 bis heute. On-line wird jedoch
nicht der Gesamtdatenbestand gehalten, sondern nur der seit
Oktober 1974 zusammen mit den Titelaufnahmen für bestellte oder
in Bearbeitung befindliche Monographien.

Die Titeldatei (Authority File) enthält Angaben über die Titel
von Eintragungen im On-line-Teil der Datei bibliographischer Daten
für alle Haupt- und Nebeneintragungen einschließlich Serien.
Diese Datei wird in der Weise aufgebaut, daß durch den Rechner
aus den maschinenlesbaren Titelaufnahmen alle Namen (Autoren,
Herausgeber, Übersetzer), alle Schlagwörter, alle Sachtitel und
alle Titel von Serien herausgesucht, alphabetisch geordnet und
Duplikate entfernt werden.

Für das Ausleihsystem werden 4 Dateien angelegt, und zwar die
Datei ausgeliehener Bücher (Piece-Data Master), die Benutzer-
datei (Patron File), eine Verbindungsdatei Benutzer-Buch (Loan
File) und eine Vormerkdatei für Batch-Aktivitäten (Action File).
Daneben gibt es noch drei Zwischendateien für besondere Aktivi-
täten.

Der Zugriff zu LC/MARC-Datei, Datei bibliographischer Daten und
Titeldatei erfolgt direkt. Zusätzlich kann über die Titeldatei
auf die Datei bibliographischer Daten zugegriffen werden.
Der Zugriff zur LC/MARC-Datei und zur Datei bibliographischer
Daten kann erfolgen über

- Internationale Standard Buch Nummer (ISBN)
- Internationale Standard Serien Nummer (ISSN)
- Kartennummer der Library of Congress
- Titelsuch-Code, einem sogenannten Match-Code aus den ersten
  drei Buchstaben des ersten und jeweils dem zweiten Buchstaben des
  zweiten, dritten und vierten signifikaten Wortes des Titels.
- Autor-Titel-Such-Code, einem sogenannten Match-Code aus den
  ersten drei Buchstaben des Familiennamens des Autors und des
  ersten signifikaten Wortes des Titels.
- Titeldatei

Auf die lokalen bibliothekarischen Daten kann außerdem über die
lokale Systemnummer sowie eine Identifikationsnummer und den
Status-Code, der den Stand der Buchbearbeitung wiedergibt, zugegriffen werden. Darüberhinaus sind noch einige andere spezielle
Zugriffsarten möglich, die hier nicht im einzelnen aufgeführt
werden.

Das automatisierte Ausleihsystem wird derzeit in der Haupt-
bibliothek eingesetzt. Folgende Haupttätigkeiten der Ausleihe
können on-line ausgeführt werden:

- Ausleihe oder Erneuerung der Ausleihe eines Buches
- Rückgabe eines Buches, Berechnung und Ausdruck eventuell
  angefallener Überziehungsgebühren
- Abfrage der Ausleihedatei nach einem bestimmten Benutzer,
  einer Buchnummer und weiteren Nummern
- Vormerkung eines Buches
- Update und Pflege des Datenbestandes.

In Stapelverarbeitung werden über Nacht ausgeführt:
- Mahnwesen
- Ausdruck von Listen

Als Datenbanksystem wird IFAM eingesetzt, daß als Mod 2o4/IFAM von
der Computer Corporation of America angeboten wird und an Hochschulrechenzentren der USA häufiger anzutreffen ist. Als Datenkommunika-
tionssystem wird INTERCOMM, ein Produkt von Informatics, Inc., verwendet. CHASM (Chicago Access Support Module), das zusammen mit den
vorgenannten Systemen die Kontrolle in LDMS über die Mehrfachbenut-
zer- und Mehrdateienstruktur, die Beziehungen zwischen den Dateien
und die Sicherungsmaßnahmen übernimmt, wurde im Zuge der Verwirklichung des LDMS an der University of Chicago entworfen und entwickelt,
desgleichen alle Systeme, die in Abb. 6.2.1 im einzelnen angegeben
sind.

Der Einsatz von LDMS für einen Bibliotheksverbund stellt spezielle
Anforderungen an die Datenstruktur.Sie muß es gestatten

- die bibliographischen Daten für mehr als eine Institution
  mit einem Minimum an Redundanz bereitzuhalten

- die Daten jeder Bibliothek gesondert zu identifizieren und
  zu verarbeiten und damit wie mit einem eigenen Katalog der
  Bibliothek zu arbeiten.

Hierfür wird eine 4-Ebenen-Struktur für die Datei bibliographischer
Daten vorgesehen:

1) Allgemeine Ebene mit den Daten, die allen angeschlossenen
   Bibliotheken gemeinsam sind (hierzu gehört auf jeden Fall die
   ISBD)

2) Die Mehrfach-Institutionenebene mit den Daten, die einer Gruppe
   von Bibliotheken gemeinsam sind, einschließlich Haupteintragun-
   gen, Nebeneintragungen und Schlagwörtern

3) Die Einzel-Institutionenebene mit den Daten, die nur einer
   Bibliothek zugehören (z.B. Nummern auf Titelebene)

4) Die Exemplar-Ebene (z.B. Nummern auf Bandebene), wovon
   jeder Ebene nach 3) eine zugeordnet ist.

Das System wird auf der Rechenanlage des Hochschulrechenzentrums
der University of Chicago betrieben, auf der daneben noch alle
anderen geeigneten DV-Aufgaben aus Lehre, Forschung und Verwaltung ablaufen. Den Bibliotheken stehen dabei die in Abb. 6.2.2
wiedergegebenen Geräte zur ausschließlichen Benutzung zur Verfügung:

- am Hauptrechner (37o/168 mit Betriebssystem OS-SVS)
  . 3 Plattenspeicher á 2oo MB
  . 3 Datensichtgeräte

- über einen Datenübertragungsrechner (VARIAN 76) über Hoch-
  geschwindigkeitsdatenleitung (5oKB/sec)
  an den Hauptrechner angeschlossen
  . 3o Datensichtgeräte für Katalogisierung, Datenbanksuche (Retrieval
    für die Aufgaben der Bibliothekare und der Benutzer einschließ-
    lich Ausleihe)

  . 3 Drucker

  . 1o spezielle Ausleihterminals (IRL-1ooo)

  . 9 Kombinationen Ausleihterminal/Datensichtgerät

Das Ausleihterminal ist eine Spezialentwicklung der University
of Chicago, das zwischenzeitlich jedoch bereits über den DV-
Markt erhältlich ist. Es besteht aus einem Lichtstift für das
Lesen von Strichcodeetiketten, einem 31-Spalten-Drucker (Druck-
geschwindigkeit 11o Zeichen/sec) und einer Anschlußelektronik
mit deren Hilfe dieses Terminal simultan mit dem ebenfalls
anschließbaren Datensichtgerät betrieben werden kann.

6.2.4 Stand der Arbeiten und bisherige Erfahrungen

Das geschilderte System ist seit mehreren Jahren in der Bibliothek
der University of Chicago in vollem Betrieb. Die Erfahrungen werden als gut bezeichnet. Die durchschnittliche Antwortzeit für
Transaktionen, auch für komplizierte, die größere Arbeitsprozesse
anstoßen, liegt unter 3 sec. Für einfache Transaktionen ist die
Antwortzeit oftmals unter 1 sec.

Eingehendes gebundenes Material, für das LC/MARC-Daten verfügbar
sind, kann innerhalb von 3 Tagen vollständig verarbeitet werden,
d.h. das Buch steht dann im Regal und die Katalogkarten sind im
Katalog.

LC/MARC Bänder werden jede Woche an die Bibliothek geliefert.
Das LDMS unterstützt auch die Übertragung des Internformats
der Bibliothek in das LC/MARC-Format. Die University of
Chicago wurde deshalb in das COMARC-Projekt der Library of
Congress einbezogen, in dessen Rahmen geeignete Bibliotheken
über deren DV-Geräte erfaßte und in LC/MARC-Format überführte
Daten, die noch nicht in die LC/MARC-Bänder aufgenommen sind,
zu diesem Datenbestand beisteuern. Hierfür liefert die Bibliothek
der University of Chicago monatlich ein Band.

Für das Bestellsystem werden derzeit noch die Bestellunterlagen
in Zettelform zusätzlich gehalten. Es ist jedoch geplant dies
einzustellen.

In Abb. 6.2.3 sind der Erwerb von Monographien durch die
University of Chicago in den Jahren 1962 bis 1977 und ihre
Katalogisierung dargestellt. Demnach verdoppelte sich der
Erwerb von Monographien von 1962/63 in etwa bis 1967/68 und
ist bis 1977/78 stetig wieder auf etwa den Stand von 1962/63
gesunken. Sehr auffällig ist, daß die Eigenkatalogisierung
der Bibliothek seit 1969 ständig zurückging und sich seit etwa
1974 auf ca. 30 % des damaligen Wertes eingependelt hat. Möglich
geworden ist das durch die zunehmende Übernahme der Katalogdaten
aus dem LC/MARC-Dienst.

Abb. 6.2.4 zeigt den Verlauf der Katalogisierungsleistung je
Stunde von 1962 bis 1977 und im Vergleich dazu die Anzahl von
Bänden, die je Stunde zur Katalogisierung gegeben wurden.
Nach der vollen Einführung von LDMS in den Jahren 1975/76 wird
ein starker Anstieg der Katalogisierung für das Jahr 1977
prognostiziert. Im Vergleich zu den Jahren 1962/63 mit rein
manueller Verarbeitung wird eine Zunahme der Produktivität
um 36 % bzw. 45 % erwartet, aus Abb. 6.2.4 läßt sich jedoch
auch deutlich erkennen, daß die Produktivität darüber hinaus
stark von der Anzahl der pro Zeiteinheit zur Katalogisierung
gegebenen Bände abhängt, und zwar sind sie einander in etwa
proportional.
Wegen weiterer Kenn- bzw. Erfahrungswerte zu LDMS, insbesondere
bezüglich Überlegungen zur Übertragbarkeit bzw. Erweiterung
zur Anwendung für mehrere Bibliotheken darf auch auf 6.3.2 und
6.3.4 verwiesen werden.

6.2.5 Planungen

Die Planungen sehen den Aufbau eines regionalen Bibliotheksver-
bundnetzes für den mittleren Westen vor. Näheres darüber ist in
6.3 ausgeführt.

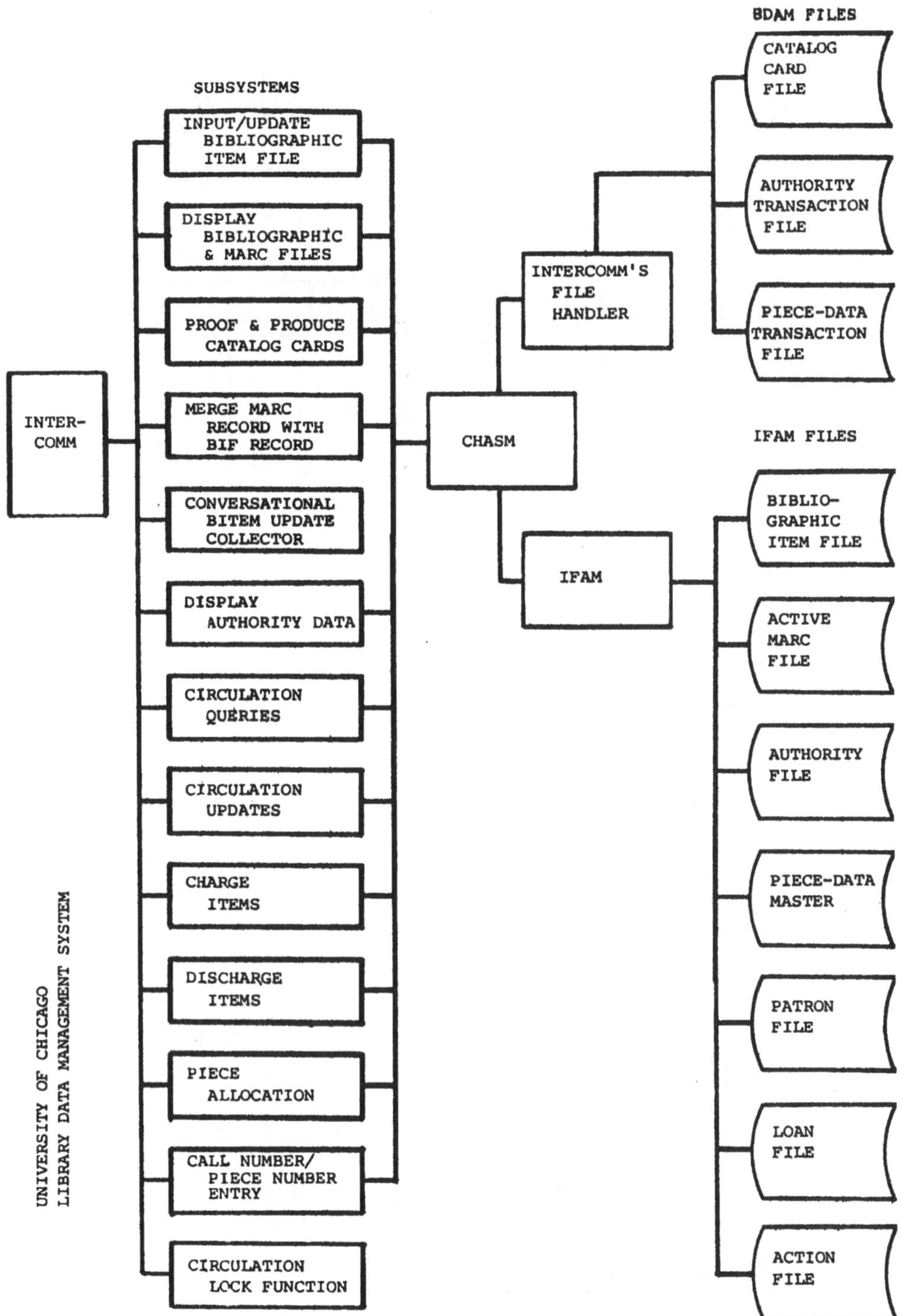

Abb. 6.2.1 Die wichtigsten Subsysteme und Dateien des LDMS
und ihr Zusammenwirken

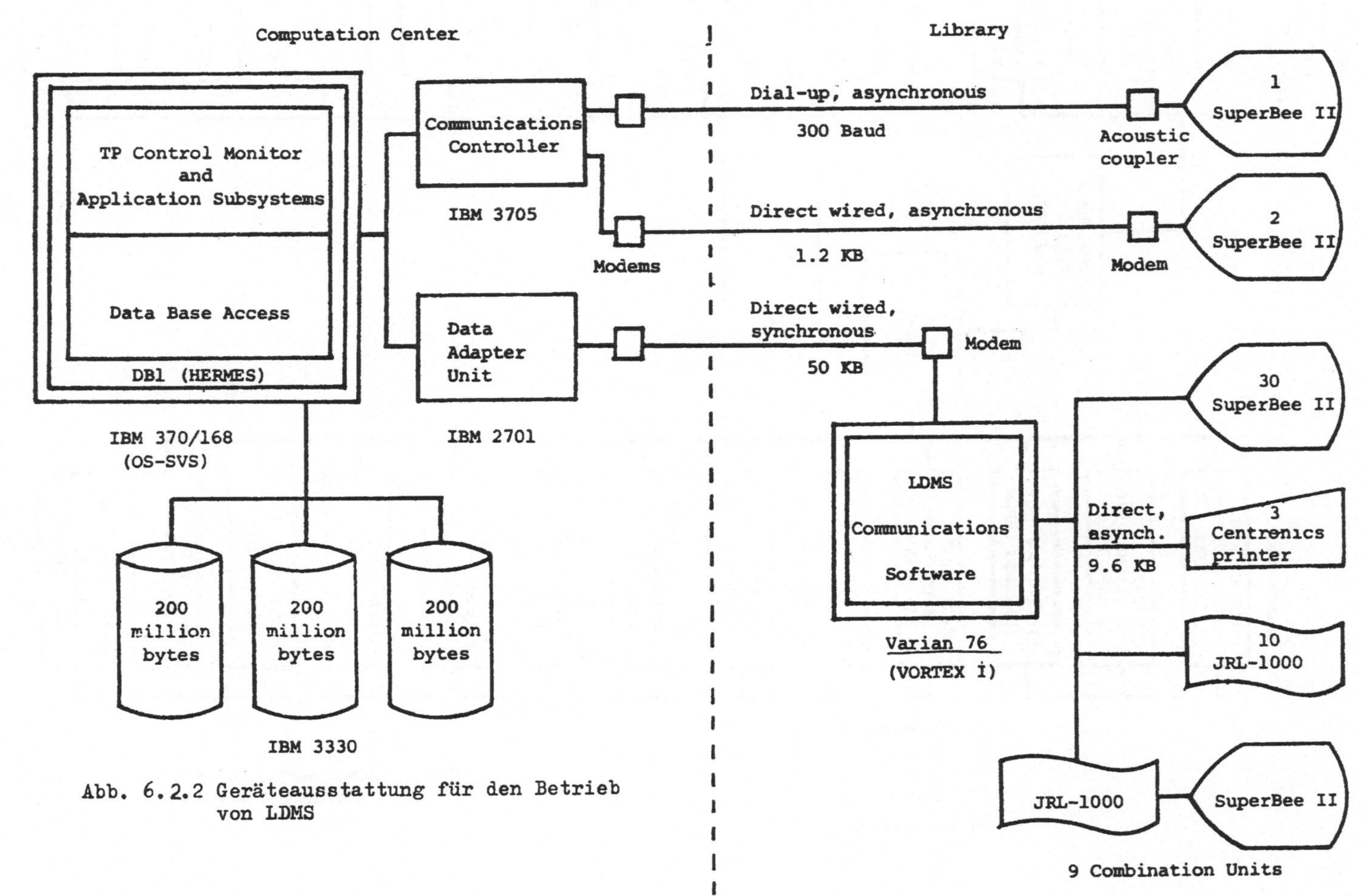

Abb. 6.2.2 Geräteausstattung für den Betrieb von LDMS

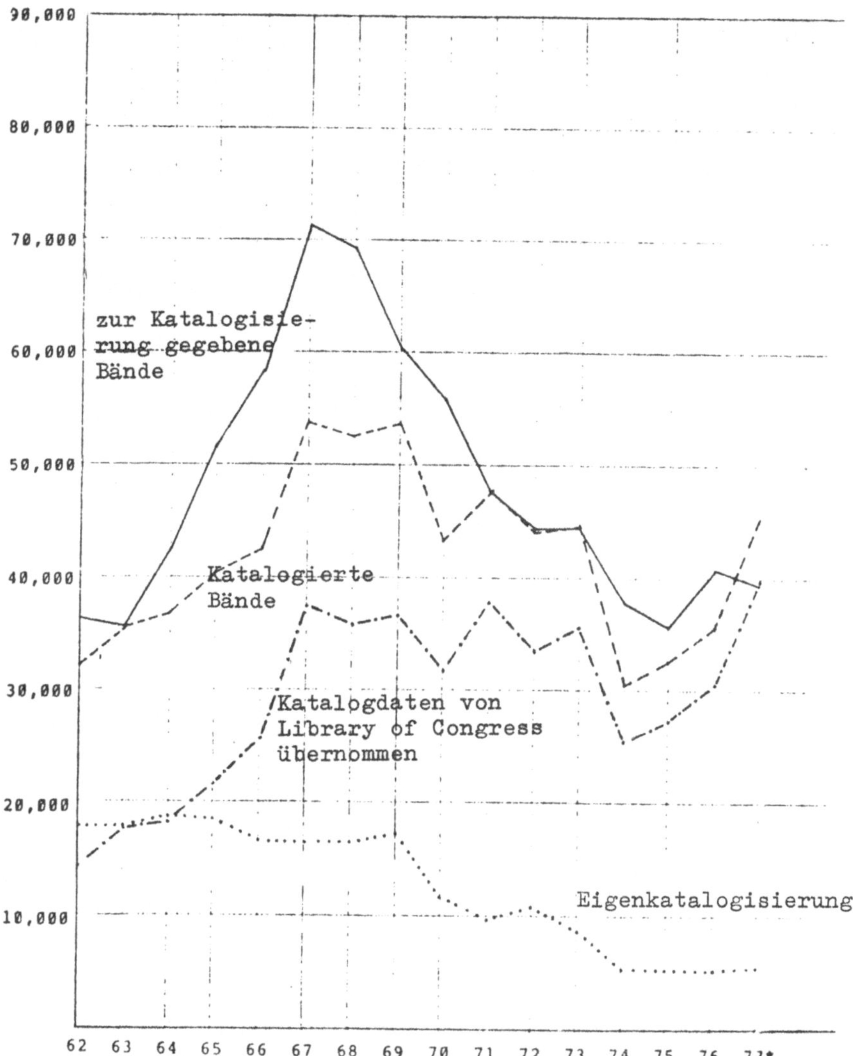

Abb. 6.2.3 Anzahl der erworbenen und der katalogisierten
Bände der Bibliothek der University of Chicago
1962 - 1977

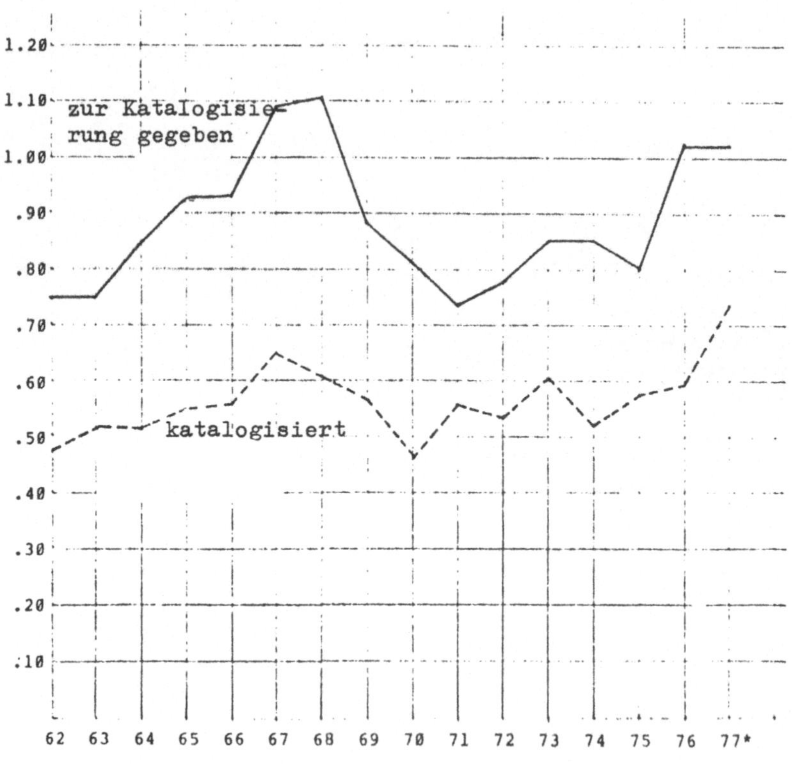

Abb. 6.2.4 Katalogisierung in Bänden/Stunde an der Bibliothek der University of Chicago in den Jahren 1962 bis 1977

6.3 Das regionale Bibliotheksautomatisierungsnetzwerk des mittleren Westens (MIDLNET)

6.3.1 Allgemeines

Trotz der zunehmend erfolgreichen Automatisierungsanstrengungen
in diesem Jahrzehnt, müssen die Bibliotheken in den USA- und
noch vielmehr in den anderen Ländern - noch weiter von den tradi-
tionellen, aufwendigen Arbeitsmethoden wegkommen. Bibliotheksautomatisierungssysteme, die von großem Nutzen für den Betrieb einer
Bibliothek sein können, sind bei weitem noch nicht allgemein verfügbar. Andererseits sind zusätzliche Entwicklungen für eine Ausdehnung vorhandener Systeme auf einen größeren Anwendungsbereich
bzw. eine Übertragung auf andere Bibliotheken erforderlich. In den
USA wird erwartet, daß von einigen allgemeinen Entwicklungen im
Bibliotheksbereich in den nächsten Jahren jedoch einiger Zwang
ausgehen wird, Bibliotheksautomatisierungssysteme verstärkt einzu-
setzen. Er geht aus von der Einführung der zweiten Ausgabe der
Anglo-Amerikanischen Katalogisierungsregeln (AACR 2) und von der
Entscheidung der Library of Congress, den derzeitigen Katalog mit
Ende des Jahres 198o zu schließen und einen neuen zu beginnen.
Die große Bedeutung dieser Maßnahmen wird ersichtlich, wenn man
sich vergegenwärtigt, daß die meisten größeren Hochschulbibliotheken
die von der Library of Congress gelieferten Daten für 7o - 8o % ihrer
Katalogisate verwenden. Die Entscheidung, AACR 2 einzusetzen, hat
Einfluß auf die Darstellung der Titel und damit auf den Zugriff
auf bibliographische Daten. Daneben plant die Library of Congress
noch weitere Veränderungen, die Auswirkungen auf die Schlagwörter,
die Klassifizierung und die Aufstellung der Bücher haben.

Um die erwarteten Schwierigkeiten in den Griff zu bekommen, die
regionale Zusammenarbeit weiter zu verbessern und den Betrieb der
Bibliotheken noch effizienter zu gestalten, haben sich 9 größere
wissenschaftliche Bibliotheken im mittleren Westen der USA zusam-
mengetan, um ein regionales Bibliotheksautomatisierungsnetzwerk,
das Midwest Region Library Network (MIDLNET), zu verwirklichen.

Sie gehen davon aus, daß möglicherweise ein nationales biblio-
graphisches Netzwerk entstehen wird und konzentrieren sich vor
diesem Hintergrund auf die Bibliotheksautomatisierung in der
eigenen Region. Für die Entwicklung des Systems werden drei
Phasen festgelegt:

1) <u>Aufbau eines Netzwerkes</u> mit einer regionalen zentralen
   bibliographischen Datenbank für automatisierte Erwerbung
   und Katalogisierung und als Verbindungsstelle zu Einrichtungen
   außerhalb dieses Netzes.

2) <u>Verteilung ausgewählter Anwendungen auf lokale Rechenanlagen,</u>
   z.B. für Ausleihe und für Kontrolle von Serien.

3) <u>Übertragung</u> des Zentralrechnerkonzepts oder der auf lokalen
   Rechnern realisierten ausgewählten Anwendungen oder von beidem
   auf kleinere regionale oder einzelne Großbibliotheken.

Die bisherigen Planungen beschränken sich ausdrücklich auf die
Netzwerkphase.

An dem Projekt beteiligen sich 9 Universitäten, nämlich die
University of Chicago, die University of Wisconsin, die Uni-
versity of Michigan, die Michigan State Universtiy, die Wayne
State University, die Indiana University, die Southern Illinois
University, die University of Iowa und die Iowa State University.

Die Entwicklungen sollen auf der Grundlage des in 6.1 beschriebenen LDMS der University of Chicago erfolgen und es für Netz-
werkeinsatz erweitern. Das Projekt erhält den Namen MIDLNET
Library Data Management System (MLDMS).

In 1,5 Jahren soll LDMS für den Einsatz für mehrere Bibliotheken
weiterentwickelt und nach weiteren 1,5 Jahren in mehreren Bibliotheken implementiert sein.

6.3.2 Anforderung der beteiligten Bibliotheken an ein Bibliotheksautomatisierungssystem

Prioritäten

Die höchste Priorität wurde von allen am Aufbau von MLDMS
interessierten Bibliotheken der Schaffung einer umfassenden
On-line-Datenbank hoher Qualität und einem darauf aufbauenden
Literaturnachweissystem eingeräumt. Insbesondere ist das
Literaturnachweissystem bis 1931 zu schaffen, damit die durch
die Einführung der AACR 2 bedingten Kataloganpassungen systema-
tisch angegangen werden können.

An nächster Stelle wurde von einigen Bibliotheken Einführung
eines Ausleihautomatisierungssystems genannt, von anderen die
Erwerbungsautomatisierung. Der Entwicklung eines Bibliotheks-
Management-Informationssystems bzw. eines DV-Systems für Haushalts-,
Kassen- und Rechnungswesen und für die Kontrolle von Serien
wurde demgegenüber geringere Priorität eingeräumt.

Datenaufkommen für on-line Verarbeitung

Die Erfahrungen mit dem Betrieb von LDMS haben gezeigt, daß
für jedes gekaufte Buch durchschnittlich 19,56 Transaktionen
zur Durchführung aller Aufgaben, von der Datenbanksuche vor der
Bestellung über Bestellung, Mahnwesen, Stornierung, Akzession,
Verwendung verfügbarer LC/MARC-Titelaufnahmen bis zur Katalogisierung erforderlich sind. Für nicht käuflich erworbene Bücher
wie Geschenke, Standing-order etc., sind 14 Transaktionen bis
zur fertigen Katalogisierung eines Buches durchzuführen. Daraus
und aus der Anzahl der zu verarbeitenden Bücher läßt sich eine
Abschätzung des Gesamttransaktionsvolumens und der zu seiner Verwaltung erforderlichen Rechenleistung, sowie aus der Anzahl der
jetzt eingesetzten Terminals deren Gesamtzahl bestimmen.

In Tab. 6.3.1 sind die wichtigsten Daten dazu zusammengestellt,
insbesondere ist daraus der Umfang der Erwerbungen der für die
Beteiligung an MLDMS vorgesehenen Bibliotheken sowie die Anzahl der zu ihrer Verarbeitung erforderlichen Terminals für die
Jahre 1976/77 ersichtlich (in Klammern sind die Schätzwerte
für 1980 angegeben), eine Planungsgröße, die auch für deutsche
Verhältnisse interessant ist. Für Spitzenbelastungen wird im
übrigen ein 1oo %-iger Aufschlag auf die durchschnittliche Trans-
aktionsrate eingeplant.

<u>Anforderungen an Stapelverarbeitungsmöglichkeiten</u>

In Stapelverarbeitung wird der größte Teil der Druckausgabe
erzeugt. Vor allem sind dies Aufträge zum Kauf von Büchern
und Katalogkarten sowie Auswahlkarten für LC/MARC-Titelaufnahmen,
die von jeder Titelaufnahme auf einem neuen LC/MARC-Band erstellt
werden, von der nach einem groben Vergleich mit den in der bibliographischen Datenbank gespeicherten Titelaufnahmen davon ausgegangen werden kann, daß sie mit einer dieser Titelaufnahmen übereinstimmt.

Die Summe aus Anzahl der Aufträge und Katalogkarten erhält man
durch Addition der in Spalte 2 der Tab. 6.3.1 angegebenen Anzahl
der gekauften Titel mit dem Produkt aus der in Spalte 4 der Tab.
6.3.1 wiedergegebenen Anzahl katalogisierter Titel und der durchschnittlichen Anzahl der Katalogkarten je Titel (Spalte 9 der
Tab. 6.3.1). Das Ergebnis ist in Spalte 1o der Tab. 6.3.1 aufgeführt. Als Gesamtsumme für die näherungsweise Anzahl der Stapel-
verarbeitungsprodukte ergibt sich 3.453.36o. Hierzu ist noch
die Anzahl der Auswahlkarten zu addieren, die sich grob aus der
Anzahl der LC/MARC Titelaufnahmen in einem Basisjahr (1976 - 77
: 164.48o) mit der Anzahl der zu versorgenden Bibliotheken (9)
ergibt. Insgesamt ist demnach mit 5.111.2oo Stapelverarbeitungs-
produkteinheiten pro Jahr zu rechnen. Andere Kategorien wie Listen,
Mahnungen etc. können demgegenüber vernachlässigt werden.

6.3.3 Alternativen der Verwirklichung

Die drei Phasen für eine mögliche Verwirklichung von MLDMS
wurden bereits in 6.3.1 angeführt. Das Projekt ist so angelegt,
daß grundsätzlich nach jeder Phase die Arbeiten abgeschlossen
werden könnten und doch ein System verfügbar ist, das bis zu
einem gewissen Grad die Arbeit in der Bibliothek unterstützen
kann. Für die einzelnen Phasen sind nun wiederum verschiedene
Realisierungsstufen und -methoden möglich. Sie sollen nachfolgend kurz dargestellt werden.

Aufbau eines Netzwerkes

Diese Phase soll in drei Schritten ablaufen, nämlich

1) Anschluß von einem bis zwei Terminals in jeder beteiligten
   Bibliothek an das LDMS im Rechenzentrum der University
   of Chicago für Vorführ-, Test- und Übungszwecke. Dabei ist
   an billige Datensichtgeräte mit Wählanschluß gedacht.

2) Mit Übergang von LDMS zur Netzwerkversion MLDMS und der
   Einbeziehung des Systems in die Erwerbung und Katalogisierung
   der einzelnen Bibliotheken müssen mehr Terminals installiert
   werden. In diesem Schritt sollen auch die bereits an den
   Bibliotheken vorhandenen OCLC-Terminals an das Rechenzentrum
   der University of Chicago angeschlossen werden.

3) Übertragung von MLDMS auf einen von MIDLNET betriebenen eigenen
   Großrechner, der ausschließlich für Bibliotheksaufgaben eingesetzt wird.

Verteilung ausgewählter Anwendungen auf lokale Rechenanlagen

Für diese Phase gibt es drei Alternativen:

1) Übertragung des vorhandenen LDMS mit allen Anwendungsprogrammen
oder eines Teils davon auf einen lokalen Großrechner. Im letzteren
Fall wäre zusätzlich ein Anschluß an den zentralen Regionalrech-
ner, auf dem MLDMS betrieben wird, erforderlich. Diese Alternative
wird derzeit von der University of Illinois in Urbana-Champaign
in Zusammenhang mit seinem eigenen geplanten Bibliotheksausleih-
system und von der University of Wisconsin bezüglich einer Übernahme des Ausleihsystems des LDMS geprüft.

2) Entwicklung von eigenständigen Kleinrechneranwendungen.
Hierher gehören z.B. die Überlegungen der University
of Chicago und der University of Wisconsin, eine Klein-
rechnerversion des LDMS-Ausleihsystems zu entwickeln.
Auch in diesem Falle könnte ein Datenfernübertragungsanschluß an den regionalen MLDMS-Rechner vorgesehen werden.

3) Übertragung von LDMS auf ein lokales Rechenzentrum be-
stehend aus einem Großrechner mit angeschlossenen Kleinrechnern, wobei die Aufgaben von LDMS in geeigneter Weise
auf den Großrechner und die Kleinrechner verteilt werden.

Übertragung des Regionalnetzwerkes auf Unterregionen

Im Extremfall könnte MLDMS auf Unterregionen, z.B. einzelne
Staaten, die am MIDLNET-Projekt teilnehmen, übertragen werden.
Dabei erhielten die Unterregionen jeweils eigene Großrechner
mit daran angeschlossenen Kleinrechnern. Die MIDLNET-
Zentrale wäre in diesem Falle mit einem Kommunikationsrechner auszustatten, an den alle Großrechner der Unterregionen angeschlossen wären und der darüber hinaus die Verbindung zu Systemen und Diensten außerhalb der MIDLNET-
Region übernähme.

Welche der dargestellten Alternativen letztendlich verwirklicht werden wird, hängt von den Erfahrungen bei der
Durchführung des Projekts und von der technischen Entwicklung
ab. Die Gegenüberstellung der einzelnen Alternativen läßt jedoch
den Schluß zu, daß auf jeden Fall mit der Entwicklung der
Netzwerkversion zu beginnen ist, weil sie die Grundlage
für alle weiteren Alternativvorstellungen ist. Danach
oder daneben könnte noch die Realisierung des Untersystems
Ausleihautomatisierung auf einem Kleinrechner in die Tat
umgesetzt werden.

6.3.4 Überlegungen zu den Kosten und der Geräteausstattung

Für die voraussichtlichen Kosten für den Aufbau eines eigenen
zentralen Rechners für den Betrieb von MLDMS liegen bereits
erste grobe Schätzungen vor. Aus den in 6.3.3 geschilderten
Alternativen wurde hierfür jedoch nur das einfachste Modell,
nämlich ein zentraler Rechner für die Gesamtregion, ausgewählt.
Für die Abschätzung wurden außerdem Tests mit dem jetzt ein-
gesetztem LDMS durchgeführt und ein Modell zur Beschreibung
der Benutzung der DV-Einrichtungen bei extrem starker Benutzung
von LDMS entwickelt. Es zeigte sich, daß LDMS in der derzeitigen
Fassung auf der 37o/168-1 der University of Chicago durchschnittlich o,4 sec. CPU-Zeit für die Bearbeitung einer Transaktion benötigt. Untersuchungen anhand des erwähnten Modells ergaben bei
74oo Transaktionen/Stunde eine 8o %-ige Auslastung der 37o/168-1.

Aus Tab. 6.3.1 ergibt sich unter Annahme eines Ein-Schicht-Be-
triebs (2ooo Stunden/Jahr) von LDMS (746.134 Transaktionen/Jahr)
als durchschnittliche Anzahl Transaktionen/Stunde ca. 37oo.
Aus diesem Grund ging man davon aus, daß etwa eine Rechenanlage
der Leistungsfähigkeit einer IBM 3031 bereitstehen muß (zu Konfiguration und Kosten siehe Tab. 6.3.2). Als Personalausstattung zum
Betrieb des zentralen Rechners hält man 26 Personalstellen für erforderlich (Einzelheiten sind in Tab. 6.3.3 angegeben).

Hinzu käme noch weiteres Personal für die Entwicklung. Zur erforderlichen Ausstattung der angeschlossenen Bibliotheken mit Terminals sind Angaben bereits in Tab. 6.3.1 enthalten; ihre Gesamtzahl wird demnach für 1980 auf 101 geschätzt.

Als Obergrenze für die Gesamtkosten (Anmietung des Zentralrechners und der Datenfernverarbeitungsperipherie einschließlich Terminals, Verbrauchsmaterial, Datenfernübertragungs-, Betriebs- und Unterhaltungskosten, Personal) wird ein Betrag von 1,558 Mio Dollar jährlich geschätzt. Es wird erwartet, daß dieser Betrag bis auf 1,196 Mio Dollar durch fallende Mietkosten und bei Ansatz der Kostenuntergrenze für die Betriebs- und Unterhaltungskosten verringert werden kann. Mit diesen Werten und der in Tab. 6.3.1 angegebenen Anzahl der 1980 voraussichtlich zu katalogisierenden Titel ergeben sich durchschnittliche Kosten von 3,24 bis 4,32 Dollar je zu katalogisierendem Titel.

Hochschule	Durch Kaufauftrag erworbene Titel		Katalogisierte Titel	Nicht durch Kaufauftrag erworbene Titel		Transaktionen insgesamt	Geschätzte Anzahl erforderlicher Terminals	Durchschn. Anzahl Katalogkarten je Titel	Geschätzte Anzahl von Druckprodukten für Kaufaufträge und Katalogkarten
	Anzahl	Bei Verarbeitung anfallende Transaktionen		Anzahl	Bei Verarbeitung anfallende Transaktionen				
University of Chicago	20,205	395,210	45,271	25,066	350,924	746,134	10+	10	473,000
Indiana University	60,000	1,173,600	40,000 (60,000)	30,000	420,000	1,593,600	(21)	10,5	480,000 (690,000)
University of Iowa	27,000 (24,000)	528,120 (469,440)	37,600 (39,300)	10,500 (20,700)	147,000 (289,800)	675,120 (759,240)	9 (10)	5,6	237,560 (244,080)
Iowa State University	35,000	684,600	22,292	------	-------	684,600	9	8	213,000
University of Michigan	40,000	782,400	47,000	15,000	210,000	992,400	13	9	463,000
Michigan State University	33,000 (35,000)	645,480 (684,600)	35,500 (38,000)	8,800 (9,000)	123,200 (126,000)	768,680 (810,600)	10 (11)	10	388,000 (415,000)
Southern Illinois University	12,800 (14,000)	250,368 (273,840)	32,000 (28,200)	20,600 (24,000)	288,400 (336,000)	538,768 (609,840)	7 (8)	10	332,800 (294,800)
Wayne State University	12,000	234,720	27,800 (25,000)	8,000	112,000	346,720	5	10	290,000 262,000
University of Wisconsin	26,669	521,645	64,679	38,010	532,140	1,053,785	14	8,5	576,000
	266,674 (265,679)	5,216,143	352,142 (369,742)	155,976 (169,776)	2,183,664 (2,376,864)	7,399,807 (7,596,913)	98 (101)	-	3,453,360 (3,630,880)

+ derzeit bereits eingesetzt

Tab. 6.3.1 Erwerbungs-, Katalogisierungs-, Transaktions- und Druckvolumen der für MLDMS vorgesehenen Bibliotheken in den Jahren 1976 - 1977 (in Klammern sind die für 1980 prognostizierten Werte angegeben, sofern sie abweichen)

Gerät (Typenbezeichnung)	Monatlicher Mietpreis (Dollar)

1. IBM 37o/3o31 mit
  . 4 MB Hauptspeicher
  . 6 Kanälen
  . Konsole
  . Stromversorgung
	29.2o2

2. Direktzugriffsspeicher insgesamt 25oo MB
  . Steuereinheit (383o-2)
  . 1o Laufwerke (335o)
	11.137

3. Magnetbandgeräte
  . Steuereinheit (38o3)
  . 8 Laufwerke (342o-4)
	1.884

4. Papierperipherie
  . Drucker (14o3)
  . Kartenleser (25o1)
	1.789

5. Datenfernübertragungssteuereinheit (37o5) einschließlich 64 asynchrone Anschlüsse (12oo Baud)	1.79o
zusammen	45.8o2
Mietkosten/Jahr (Dollar)	55o.ooo

Tab. 6.3.2 Voraussichtlich erforderliche Ausstattung des Zentralrechners und jährliche Mietkosten für den Betrieb von
MLDMS (Stand Mitte 1978)

Personalkategorie	Anzahl	geschätzte jährl. Kosten Kosten ($)
1. Management und Verwaltung		122.000
. Netzwerkmanager	1	
. Assistent des Netzwerk-managers	1	
. Manager/Produktion	1	
. Manager/Benutzerunter-stützung	1	
. Sekretärinnen	2	
2. Systemanalytiker und Programmierer	4	7o.000
3. Benutzerunterstützung		1o6.000
. Kontrolle der bibliographi-schen Daten	2	
. Benutzerservice	3	
. Dokumentation	1	
4. Betrieb		53.000
. Rechnerbetrieb	3	
. Peripherieoperateur	2	
5. Technische Unterstützung		97.000
. Systemprogrammierer Betriebssystem	1	
. Systemprogrammierer Datenbanksystem	2	
. Datenfernverarbeitungs-spezialist	1	
. Netzwerkbetrieb	1	
insgesamt	26	448.000
		+ 72.000 (Sozialleistungen)
		52o.000

Tab. 6.3.3 Voraussichtlich erforderliche Personalausstattung und
-kosten für den Betrieb des zentralen Rechners des MLDBS
(Stand Mitte 1978)

6.4 Die Bibliotheken der University of California

6.4.1 Allgemeines

Das gesamte Universitätssystem der University of California
mit seinen 9 Campus verfügt derzeit über einen Bestand von
über 14,7 Mio Bänden. Darin sind sowohl die Bestände der Haupt-
bibliothek als auch die der Zweigbibliotheken enthalten. Den
größten Bestand eines einzelnen Campus hat Berkeley, der älte-
ste Campus, mit ca. 4,8 Mio Bänden (siehe auch Tab. 6.4.1).

Betrachtet man das gesamte Universitätssystem als eine Einheit,
so werden die dort gesammelten Bestände nur noch von der Library
of Congress übertroffen. Die Bestände haben sich von 1945 bis
1975 etwa alle 10 Jahre verdoppelt.

Der jährliche Zugang für alle Bibliotheken der University of
California zusammen bewegte sich in den Jahren von 1963 bis
1976 zwischen 577.191 und 792.983 Bänden/Jahr, wobei die höchsten Zugänge in der Mitte dieses Zeitraums und die niedrigsten
jeweils am Anfang und am Ende zu verzeichnen waren.

Bei der Benutzung der Bibliotheken wurde festgestellt, daß die
Mehrzahl der Benutzer, nämlich 68 %, bibliographische Bestände
nachfragen, deren Titel ihnen bereits bekannt sind. Das
deckt sich in etwa mit Beobachtungen, die auch an anderen
Bibliotheken der USA gemacht wurden, die größtenteils für
Forschung eingesetzt werden. Dabei werden nach einer Untersuchung der New York Public Library Research Libraries von
65,8 % der Benutzer Monographien und von 37,4 % Zeitschriften
angefordert. Dies zeigt die Bedeutung, die der Monographien-
katalogisierung auch für den Benutzer beizumessen ist.

Campus	
Berkeley	4,785,595
Davis	1,314,540
Irvine	716,455
Los Angeles	3,632,831
Riverside	842,059
San Diego	1,168,945
San Francisco	421,559
Santa Barbara	1,187,925
Santa Cruz	514,732
Others:	
Hastings College of the Law	131,745
Langley Porter Neuropsychiatric Institute	16,046
insgesamt	14,732,432

Tab. 6.4.1 Bestände (bibliographic items) der einzelnen
Bibliotheken der University of California

6.4.2 Bisherige Datenverarbeitungsaktivitäten

Die bisherigen DV-Aktivitäten erstreckten sich auf die Erfassung
von Katalogdaten in maschinenlesbarer Form zur maschinellen Erstellung von Buchkatalogen (bisher ca. 1 Mio Titelaufnahmen)
und den Nachweis von Serien für die gesamte Universität in
einer Datenbank; seit 1976 wurde damit begonnen, neue, automatisierte Ausleihsysteme zu installieren. Derzeit wird der Einsatz des Systems des OCLC (Ohio College Library Center) und
BALLOTS (Bibliographic Automation of Large Libraries using
on-line Time-sharing) der nahegelegenen Stanford University
für den Bereich der Katalogisierung erprobt.

6.4.3 Grobplanung

Es ist geplant, ein mehrstufiges System zur Versorgung der Benutzer zu schaffen. Die Abstufung erfolgt dabei entsprechend
der Zeit, die verstreichen darf, bis eine Benutzeranforderung
durch die Bibliothek erfüllt wird. Die Bibliotheksarbeit soll
durch ein On-line-Bibliotheksautomatisierungssystem unterstützt werden. Auf Campus-Ebene soll dabei das gesuchte Material hauptsächlich über öffentlich zugängliche On-line-Ter-
minals recherchiert und lokalisiert werden, die an eine bibliographische Datenbank angeschlossen sind. Die Katalogisierung
soll ebenfalls über ein On-line-System erfolgen, das sofortigen
Zugriff auf eine große, eigens für diesen Zweck eingerichtete
Datenbank gewährleistet. Für das gesamte Universitätssystem
sollen zwei Regionen für die Bereitstellung angeforderter Literatur geschaffen werden, eine im Norden und eine im Süden.
Dadurch soll sichergestellt werden, daß die Literatur der jeweiligen Region mindestens innerhalb von 2 Tagen verfügbar ist.
Hingegen soll die Katalogisierung der gesamten Literatur durch
ein einziges On-line-Bibliotheksautomatisierungssystem erfolgen,
das Informationen auch über bestellte und gerade in Verarbeitung
befindliche Literatur des gesamten Universitätssystems bereit-
stellt, um ungewollte und unnötige Duplizierung zu vermeiden.

Auf nationaler Ebene wird sich die Universität vor allem an
den Überlegungen zur Schaffung eines nationalen Literatur-
nachweissystems beteiligen und die bisherigen Bemühungen zur
Erschließung von bereits vorhandenen Datenbanksystemen, in
denen umfangreiche Literatur nachgewiesen wird (z.B. von
Systems Development Corp., Lockheed oder New York Times,)
für den eigenen Benutzerkreis fortsetzen. In Tab. 6.4.2
sind die bisherigen Anforderungen und Festlegungen im einzelnen dargestellt.

Ebene	max. Zeit v. Anforderung bis zur Auslieferung des gewünschten Materials an den Benutzer, **wenn vorhanden**	Technische Realisierung		
		Suche der gewünschten Literatur u.d.Standortes	Auslieferung	Erwerbung u. Verarbeitung
Campus	1 Tag	On-line-Terminals	persönlich oder Campuspost	On-line-Terminals
Region	2 Tage	- " -	" Bibliotheksbus	koordinierte Erwerbung, nachfolgende On-line-Verarbeitung
Gesamtuniversität	1 Woche	- " -	Paketpost, Bibliotheksbus, Campuspost	koordinierte Erwerbung; On-line-Erwerbung und **-Verarbeitung**
National	2 Wochen	unterschiedl., einige on-line	Post, Paketpost	on-line Verarbeitung, einige koordinierte Erwerbung

Tab. 6.4.2 Grobplanung der weiteren Entwicklung des Bibliothekssystems der University of California

6.4.4 Zugang zur Literatur

Für das zurückliegende Jahrhundert war der Zettelkatalog das Hilfs-
mittel, über das der Zugang zur gewünschten Literatur erfolgte.
Heute stellt diese Katalogform bei den großen wissenschaftlichen
Bibliotheken ein Problem dar. Mehr und mehr wächst die Einsicht,
daß er für umfangreiche Bestände unhandlich und uneffektiv wird.
Als einzige Alternative hierzu wird die Einrichtung eines univer-
sitätsweiten gemeinsamen On-line-Katalogs gesehen. Im Gegensatz
zu vielen anderen bereits existierenden derartigen Systemen soll
der Zugriff auf die in der Datenbank gespeicherte Information
nicht nur den Bibliothekaren, sondern jedem einzelnen Benutzer
möglich sein. Die Suche soll nach Autoren, Titeln, Serien und
logischen Verknüpfungen zwischen diesen erfolgen können. Sofern
die gesuchte Literatur nicht am Campus des Benutzers vorhanden
ist, sondern an einem anderen, soll er vom gleichen Terminal
eine Anforderung auf Ausleihe starten können.

Die Terminals selbst sollen nicht nur in der Bibliothek aufgestellt werden, sondern an allen Stellen der Universität,von
denen angenommen werden kann, daß sie von einer größeren Zahl
von Benutzern frequentiert werden. Das Terminalsystem soll dabei
in seiner Leistung abgestuft sein (z.B. Terminals mit umfangreichen
Zeichensatz (diakritische Zeichen) nur an einigen Stellen; Einbeziehung von Terminals, die bei einzelnen Benutzern bereits für
andere Aufgaben vorhanden sind). Der Benutzer wird bei einer Anfrage zunächst eine Kurzinformation erhalten. Die volle bibliographische Information wird ihm dann durch Drücken einer speziellen Funktionstaste am Bildschirm oder über Microfiche zur Verfügung
gestellt. In letzterem Falle wird ihm über den Bildschirm mitgeteilt
wo er auf dem Mikrofiche die vollständige bibliographische Information erhält. Dadurch kann vorliegendes neues Material fortlaufend
verfilmt werden. Der Mikrofiche-Katalog soll außerdem für den
Fall eines Ausfalls des On-line-Systems die gesamte Information
über die Bestände nachweisen können.

Das Projekt zur Erstellung des gemeinsamen On-line-Katalogs
wird damit beginnen, die Titelaufnahmen seit 1973, soweit
noch nicht geschehen, maschinenlesbar zu erfassen. Ab 1981
werden alle laufenden Zugänge sofort on-line erfasst werden.
Das System soll in einer Testversion 1980/81 laufen und im
darauffolgenden Jahr voll zur Verfügung stehen, mit Ausnahme
der Möglichkeit der Datenbanksuche durch die Benutzer. 1983/84
soll die Entwicklung abgeschlossen, weitere 100 Terminals (zu
den dann bereits vorhandenen 55) an das System angeschlossen
werden und über 24 Stunden/Tag den Benutzern zur Verfügung
stehen.

Die bisherigen Untersuchungen zum Zentralsystem haben ergeben,
daß aus Kostengründen nicht ein großer Universalrechner, sondern eine Kombination aus mehreren Kleinrechnern eingesetzt
werden soll. Insgesamt soll das System so ausgelegt werden,
daß es bis zu 1.600 Terminals bedienen kann. Im Planungszeit-
raum bis 1985/86 sollen davon jedoch nur ca. 600 installiert
werden. Über sie wird auf ca. 6 Mio Titelaufnahmen zugegriffen
werden können.

Es werden soweit als möglich bereits vorhandene Programme
eingesetzt werden. Das betrifft insbesonders die Datenbank-,
Retrieval- und Kommunikationssoftware. Keinesfalls ist be-
absichtigt, ein System völlig neu zu entwerfen und zu entwickeln. Von der Universität wurden alle derzeit vorhandenen
On-line-Systeme in den USA auf ihre Eignung zum Einsatz an
der University of California untersucht. Als am besten geeignet erschienen nach einer ersten Abschätzung das System
BALLOTS. Jedoch verbot sich eine Übernahme, weil
- in diesem System keine Vorkehrungen getroffen sind lokale
  Signaturen anzuzeigen
- Spezialterminals verwendet werden, die die angestrebte
  Abstufung in der Leistung nicht zulassen, wodurch sich
  die Kosten enorm erhöhten
- die geforderte Anzahl von Terminals nicht zusätzlich
  angeschlossen werden kann.

Die Strategie der Universität ist deshalb, ein möglichst geeig-
netes vorhandenes System für den Aufbau der Datenbank einzusetzen,
aber ein unterschiedliches System mit anderen Terminals für unmittelbare Abfrage durch die Benutzer zu verwenden.

Als Gesamtkosten für Entwicklung und Bereitstellung der
Hard- und Software für den gemeinsamen On-line-Katalog und
seine Benutzung werden über den Zeitraum der nächsten 10 Jahre 11,48 Mio Dollar geschätzt (siehe auch Tab. 6.4.3). Man
erwartet, daß durch den Einsatz des Systems etwa doppelt
soviel Mittel eingespart werden.

Weitere Bibliotheken des Staates werden sich wegen der Größe
des Systems voraussichtlich nicht mehr anschließen lassen.
Jedoch wird die Universität daneben noch Zugriff auf Dienste
auf nationaler Ebene haben.

Der Zeitplan für die Einführung eines automatisierten Systems
für die gesamte Universität ist in Tab. 6.4.4 wiedergegeben.
Entsprechend der genannten Strategie wurden zwischenzeitlich
detaillierte Auswertungen von mehreren in Frage kommenden
Systemen durchgeführt. In den Vergleich einbezogen wurden:
- BALLOTS
- OCLC
- UTLAS (University of Toronto Library System)
- WLN (Washington Library Network).

Hierzu wurde eine Liste von 100 Kriterien festgelegt die den
Kategorien Katalogisierung, Erwerbung, Kontrolle von Serien,
Systemkosten und Qualifikation des Systems bzw. Systemanbieters
zugeordnet waren. Jedes dieser Kriterien wurde von einer Gruppe von 3 oder 5 Spezialisten für das jeweilige Gebiet bewertet
und anschließend mit einem Gewichtsfaktor multipliziert, der
von der Universität festgelegt wurde und damit die relative Bedeutung des jeweiligen Kriteriums für die Universität wider-

Jahr	Union Catalog *)	Union List *) of Serials	On-line Catalog	Gesamt-betrag
1978/79	$1,001,000	$408,000	$ ⸳53,000	$1,462,000
1979/80	1,188,000	230,000	217,000	1,635,000
1980/81	1,063,000	97,000	779,000	1,939,000
1981/82			968,000	968,000
1982/83			526,000	526,000
1983/84			893,000	893,000
1984/85			1,227,000	1,227,000
1985/86			1,357,000	1,357,000
1986/87			735,000	735,000
1987/88			739,000	739,000
insgesamt				11,481,000

Tab. 6.4.3 Geschätzte Gesamtkosten (Entwicklung, Investitionen, Betrieb) für die Bibliotheksautomatisierungsvorhaben der University of California

*) Ab 1981/82 in On-line Catalog enthalten

Projektphase	1978/79	1979/8o	1980/81	1981/82	1982/83	1983/84	1984/85	1985/86
Maschinenlesbare Erfassung von Titelaufnahmen	Entgegennahme und Umwandlung **von** Titelaufnahmen **der Campusse**			Umwandlung v. Titelaufnahmen ab dem Jahr 1973 abgeschlossen	Schritthaltende Erfassung aller laufenden Titelaufnahmen an allen Campus			
Größe der Datenbank (in Mio. Titelaufnahmen)	1.2	2.o	3.o	4.2	4.7	5.2	5.6	6.o
Entwicklung des On-line-Systems	Einrichten des Authority Control Systems	Entwicklung des Pilotsystems	Installation des Pilotsystems	Einsatz der Anfangsversion des Systems	Einsatz während der Öffnungszeiten der Bibliothek	Voller Einsatz rund um die Uhr		
Hardware für On-line-System	Vorschlag für Systemkonfiguration	detaillierte Spezifikation, Auswertung u. Auswahl	Anmietung v. Rechenzeit auf Hardware des ausgewählten Herstellers	Installation d. Anfangs-Systems	kleinere Systemabrundungen	Installation eines 2. Prozessors	kleinere Systemergänzungen	Installation eines zusätzlichen Prozessors
Software für das On-line-System	Vorschlag für das Softwaresystem erarbeiten	detaillierte Spezifikation	Softwareentwurf u/ o. Auswahl	Fertigstellung der grundlegenden Such- u. Datenverwaltungsprogramme	Fertigstellung d. Benutzersuchprogramms	Schaffung der Möglichkeit zur Suche mit logischen Verknüpfungen	Verbindung mit den Ausleihsystemen der Campus	Voller Einsatz des Systems

zu Tab 6.4.4

Datenfern-verarbei-tungsnetz	Konfigura-tionsvor-schlag f. Datenfern-verarbei-tungsnetz	detail-lierte Spezifi-kation	Festle-gung der Lage der Datenfern-verarbei-tungskno-ten auf d. Campus	Netzwerk-verbindun-gen zu allen Campus	Anpassung der Netz-konfigura-tion u. Fehlerbe-hebung	**Ausbau** des Datenfernver-arbeitungsnetzes
On-line-Terminals	Instal-lation v. Terminals zur ma-schienen-lesbaren Erfassung v. Titel-aufnahmen auf den Campus	Auswahl der öffent-lich aufzu-stellenden Terminals	Test von 5 öffent-lichen Terminals	Instal-lation von 25 Terminals f. Pilot-Anwendung auf den Campus	Instal-lation von 1oo zusätz-lichen öffent-lichen Terminals	Instal-lation von 25o zusätz-lichen öffent-lichen Terminals — Installation weiterer 2oo öffentlich zu-gänglicher Terminals
Authority Control System	Aufbau der Authority-Datei u. Entwicklung d. Systems	Einfüh-rung d. Systems	System on-line verfüg-bar	Übertra-gung d. Systems auf alle Campus	Einsatz an allen Campus	
COM (Computer Output on Microfilm)	Einheitlicher Ge-samtkatalog der maschinell lesbar erfaßten Titelauf-nahmen; einheit-liche Gesamtliste der Serien		Register u. Index; einheitl. Gesamt-liste der Serien geht in den On-line-Katalog auf	Register und Index		

Tab. 6.4.4 Zeitplan für die Einführung eines Bibliotheksautomatisierungssystems für das Universitäts-system der University of California

spiegelt. Dabei wurde für Systeme, deren Realisierung geplant oder bereits angegangen war, die Zeitdauer bis zur Verwirklichung ebenso in der Bewertung berücksichtigt wie die Tatsache, daß die realisierte Version eines noch nicht fertigen Systems von der geplanten abweichen kann.

Bei der Beurteilung wurden folgende Gewichte verwendet:

Kategorie	Gewichtsfaktor (%)
Katalogisierung (unbedingt erforderlich)	16
Katalogisierung (wünschenswert)	6
Erwerbung	9
Kontrolle von Serien	7
Systemkosten	32
Qualifikation des Anbieters	30
	100

Aufgrund dieser Bewertung (die, das sei nochmals hervorgehoben, genau den Bedürfnissen der University of California angepaßt war und die für jede andere Anwendung neu zu bestimmten wäre) ergab sich folgende Rangordnung:

Automatisierungssystem	Gesamtpunktzahl
OCLC	32.57
UTLAS	30.32
WLN	22.04
BALLOTS	10.28

Das gute Abschneiden von OCLC ist darauf zurückzuführen, daß ihm eine 2 - 4-mal höhere Wertung bei der Qualifikation gegeben wurde als den anderen Systemen. Dieses System war vergleichsweise schlecht bei Erwerbung und bei wünschenswerten

Eigenschaften für die Katalogisierung. BALLOTS erhielt eine
geringe Wertung wegen mangelnder Kontrolle von Serien und der
Systemkosten (zusammen 7,7 Minuspunkte), WLN wegen der Systemkosten (8 Minuspunkte).

Da den Kategorien Systemkosten und Qualifikation besondere Bedeutung zugemessen wurde, ist in Abb. 6.4.1 nochmals dargestellt,
wie sich die Bewertung der Systeme ändert , wenn das Verhältnis
des Gewichts dieser Kategorien gegenüber den Kategorien der
bibliographischen Leistungsfähigkeit des Systems verschoben
wird. Demnach ist dem WLN nach dem Gesichtspunkt der Leistungsfähigkeit unter den verglichenen Systemen die erste Stelle ein-
zuräumen. Dies entspricht auch der Würdigung, die dieses System
anderweitig im Vergleich erfahren hat.

6.4.5 Benützung der Bibliothek

Seit 1976 werden an den einzelnen Campus der Universität automatisierte Ausleihsysteme installiert. Sie arbeiten mit Strichcodeetiketten. Es ist vorgesehen, bis Ende 1930 alle Campus mit
derartigen Systemen auszustatten. Bei der Auswahl wurde darauf
geachtet, daß es grundsätzlich möglich ist, alle Systeme zusam-
menzuschließen und in einem Verbund zu betreiben.

Die Anschaffungskosten für diese Systeme sind unterschiedlich
von Campus zu Campus und hängen von der Anzahl der erforderlichen Terminals und der Größe der zu verarbeitenden Datenbestände ab. Durchschnittlich wird jedoch von ca. 200.000 Dollar
ausgegangen. Bezüglich der Auswirkungen des Einsatzes des Systems
wird auf die University of Houston hingewiesen, bei der es bereits seit Jahren in Betrieb ist. Die anteiligen Personalkosten
für diesen Bereich sind dort auf ca. 1/4 gesunken. Andererseits
wurde festgestellt, daß die Benutzung der Bibliothek nach Bereitstellung des Systems stark zugenommen hat und damit auch die mit
der Ausleihe verbundenen Arbeiten, die nicht in gleichem Maße auto-

matisiert werden können, wie z.B. Holen und Zurückstellen der
Bücher ins Magazin. Personaleinsparungen durch den Einsatz des
Systems werden deshalb nicht eingeplant, jedoch trägt er zu einer
deutlichen Verbesserung der Versorgung der Benutzer mit der erforderlichen Literatur bei.

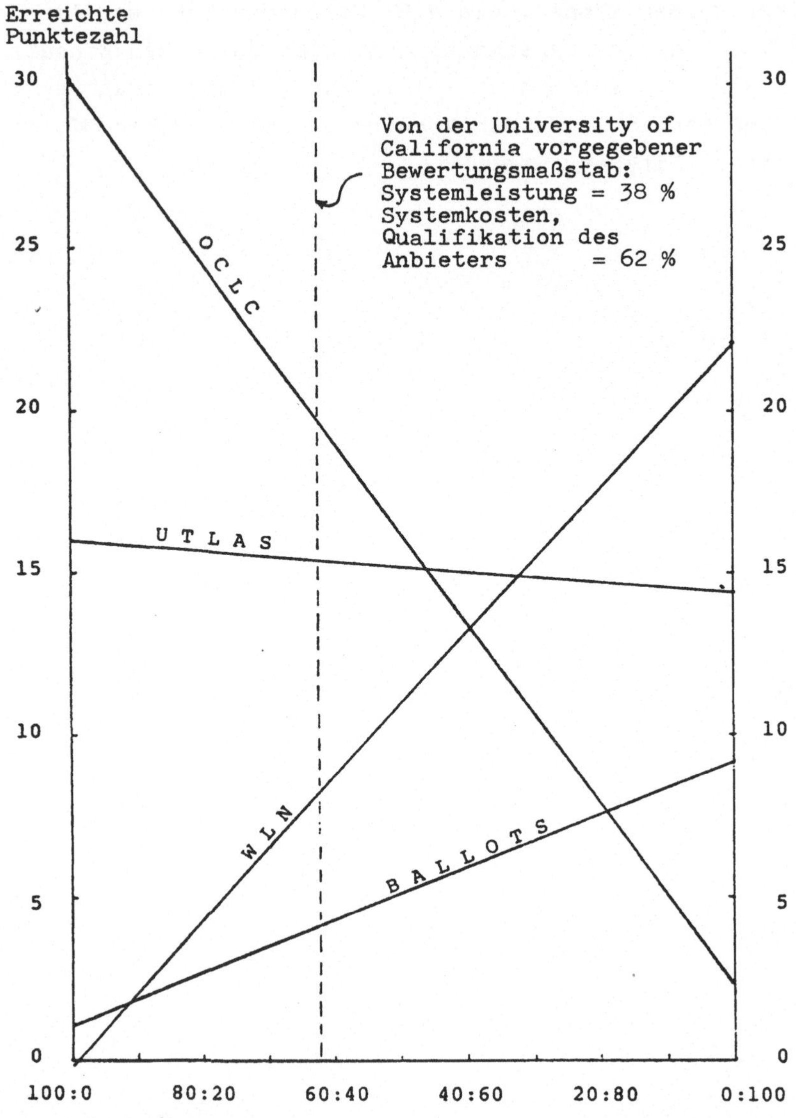

Abb. 6.4.1 Beurteilung der Bibliotheksautomatisierungssysteme OCLC, UTLAS, WLN und BALLOTS in Abhängigkeit verschiedener Gewichtung der Faktoren Systemkosten/Qualifikation des Anbieters zu Systemleistung

6.5 Zusammenfassung und Ausblick

Zusammenfassend ist festzustellen, daß in den USA starke Be-
strebungen vorhanden sind, den vergleichsweise bereits hohen
Stand der Bibliotheksautomatisierung weiterzuentwickeln und die
Anwendung auf eine noch breitere Basis zu stellen.

Die derzeit zu beobachtenden Tendenzen gehen in Richtung der
Schaffung weiterer regionaler Bibliotheksverbundnetze - neben
den bereits bestehenden - mit gemeinsamer Katalogisierung mehre-
rer Bibliotheken und On-line-Zugriff auf eine gemeinsame Datenbank. Dabei werden neben der Katalogisierung weitere Bereiche
der Bibliothek in die Automatisierung einbezogen. In der Praxis
erprobte Systeme, die als Grundlage hierfür dienen können, sind
bereits verfügbar. Darüberhinaus gibt es Pläne, ein nationales
Netzwerk aufzubauen.

<u>L i t e r a t u r h i n w e i s e</u>

<u>Zu 2. Einige Bemerkungen zum Aufbau des höheren Bildungswesens
in den USA</u>

Littmann, Ulrich: Studium in den Vereinigten Staaten von Amerika.
    Deutscher Akademischer Austauschdienst (DAAD) 1978

Bailey, Stephen und Cathy Henderson: Highlights of American
    Higher Education. American Council of Education, Washington,
    D.C.

Sjogren, Clifford: Diversibility, Accessibility and Quality:
    A Brief Introduction to American Education for Non-Americans.
    College Entrance Examination Board, New York (1977)

Higher Education Directory 1978 - 79. National Center for Higher
    Education & Affiliated Organisations. Council for Advancement
    and Support of Education, Washington, D.C. (1978)

Progress of Education in the United States of America 1974 - 75,
    1975 - 76. Report to the Thirty-Sixth International Conference
    of Education. U.S. Department of Health, Education and Wel-
    fare, Publication NO. (OE) 77 - 19104, U.S. Government Prin-
    ting Office, Washington, D.C. (1977)

State Postsecondary Education Profiles Handbook, 1978 Edition.
    Department of Postsecondary Education, Education Commission
    of the States, Denver, Colorado (1978)

A Glossary of Standard Terminology for Postsecondary Education.
    National Center for Higher Education Management Systems (1977)

<u>Zu 3. Allgemeine Organisation und Struktur der Datenverarbeitung</u>
<u>an Hochschulen der USA</u>

Academic Computing Directory. Human Resources Research Organisation, Alexandria, Virginia (1977)

Fiszman, R.: 1975 Directory of Computing Facilities in Institutions of Higher Education throughout North America

Hamblen, John and Baird, Thomas: Fourth Inventory of Computers in Higher Education, Preliminary Res. 1973

<u>Zu 4. Datenverarbeitung in Lehre und Forschung</u>

The Plato System. Computer-based Education Research Laboratory. University of Illinois at Urbana-Champaign (1977)

EDUNET Supplier Fact Sheets. Edunet Central, Princeton (1978)

EDUNET Sample Resource Fact Sheets. Edunet Central, Princeton (1978)

EDUCOM. Planning Council on Computing in Education and Research. Interuniversity Communications Council (1976)

NERComP. Academic Computing Advisory Panel (1978)

Computing Activities in New Jersey Colleges and Universities. Fiscal Year 1976 - 77. Office of Management Systems, New Jersey Department of Higher Education, Trenton, N.J. (1978)

Audited Financial Statements. New Jersey Educational Computer Network,. Inc. (1977)

Services for 1978/79. New Jersey Educational Computer Network, Inc. (1978)

Computer Expenditure Analysis, Financial Year 1977 through 1980. Department of Higher Education, State of New Jersey (1978)

NJECN, Pricing Analysis. Department of Higher Education, State
of New Jersey (1978)

The Corporation in 1977/78. New Jersey Educational Computer
Network, Inc. (1978)

Call by the Board of Higher Education for the Preparation of
the 1980 New Jersey Higher Education Statewide Plan. New
Jersey State Department of Higher Education (1978)

Triangle Universities Computation Center (TUCC), Organization
and Procedures (1976)

Articles of Incorporation of Triangle Universities Computation
Center Corp. a Non-Profit Corporation

By-Laws of TUCC (1966)

Parker, Louis: A Network for Delivering Computer Power and
Curriculum Enhancement for Higher Education: The North-
Carolina Educational Computing Service. EDUCOM Bulletin
(1974)

Terms and Conditions for Use of NCECS Services. North Carolina
Educational Computing Service (1977)

Educational Computing in North Carolina. North Carolina Board
of Higher Education (1972)

Williams, Leland: Network Computing. Prepared for IFIP-INFOPOL-
Conference, Warsaw (1976)

Budget for 78 - 79 and Planning for 79 - 80 & 80 - 81.
TUCC (1978)

Parker, Louis et al.: Introducing Computing to Smaller Colleges
and Universities - A Progress Report. Communications of the
ACM, Vol. 12, Nr. 6, June 1969

North Carlina´s Statewide Computing Network. Higher Education
    in North Carolina, Vol. VII, No. 3, May 1972

TUCC Annual Report 1976 - 1977, TUCC (1977)

TUCC Annual Report 1977 - 1978, TUCC (1978)

New User Packet. A Guide to the Services and Facilities of the
    University of North Carolina Computing Center, North Carolina
    (1978)

Annual Report 1977 - 1978. The University of North Carolina at
    Chapel Hill Computation Center (1978)

Weingarten, Fred: A Study of Regional Computer Networks. The
    University of Iowa (1973)

<u>Zu 5. Datenverarbeitung in der Hochschulverwaltung</u>

The University of Michigan Data Systems Center Monthly
    Utilization Statistics 1977 - 1978

The University of Michigan Administrative Data Processing
    Study. Internal Report. University of Michigan (1978)

Michigan Colleges and Universities Administrative Data
    Processing. Results of a Survey (1978)

The University of Michigan 1977 Financal Report. University
    of Michigan (1977)

CRISP Computer Registration Involving Student Participation.
    The University of Michigan Data Systems Center (1975)

Fifth Annual Progress Report and Development Plan. Office of
    Administrative Systems, University of Michigan (1978)

University of Illinois. Reference Folder 1977 - 78

University Computer Coordination Office (UCCO) Report on
    Computing Resources and Utilization for FY 1976. University
    of Illinois (1977)

University of Illinois at Urbana-Champaign Automated Data
    Processing Systems Description. University of Illinois (1977)

FY 1977 Unit Cost Study for the University of Illinois. Univer-
    sity Office of Long Range Planning & Analysis, University of
    Illinois (1977)

Program Major Cost Study. Illinois Public Universities 1976 - 77.
    State of Illinois Board of Higher Education (1978)

UCCO Report on Service Computing Centers for FY 1977. University
    of Illinois (1978)

Computing Services Office, University of Illinois at Urbána-
    Champaign: Off-Line, Spezial Issue, Vol. 6, Nr. 11, Sept. 1978

Report of the Systemwide Task Force on Academic Computing. Uni-
    versity of California (1977)

Administrative Information Needs Assessment 1977. University of
    California, Berkeley (1977)

Berkeley Campus Computing Plan. University of California, Berke-
    ley (1977)

Information Systems Plan 1978 - 1981. University of California,
    Berkeley (1978)

Computing Services Newsletter. University of California,
    Berkeley, Vol. 1, Nr. 1, Oct. 1978

<u>Zu 6. Datenverarbeitung im Bibliotheksbereich der Hochschulen</u>

Payne, Charles et al.: The University of Chicago Library Data
    Management System. Library Quarterly. Vol. 47, Nr. 1, PP
    1 - 22 (1977)

Library Report. The University of Chicago (1978)

Library Bibliographic Data Processing System. Internal Report.
    The University of Chicago (1978)

Library Handbook. The University of Chicago

MIDLNET Technical Plan for Automation of Libraries of a Region.
    The University of Chicago Library Data Management Project
    and The Midwest Region Library Network (1978)

The University of California Libraries. A Plan for Development
    1978 - 1988. Office of the Executive Director of University-
    wide Library Planning (1977)

Computer Assisted Evaluation for Four Technical Processing
    System Bids. Final Report Prepared for the University of
    California Library System by Sozio-Exonomic-Systems, Inc.
    (1978)

BALLOTS Stanford University's Library Automation and Infor-
    mation Program Status Report. Stanford University (1978)

A N H A N G   1

<u>BESUCHTE INSTITUTIONEN DES HÖHEREN BILDUNGSWESENS DER VEREINIGTEN STAATEN</u>
(in zeitlicher Reihenfolge)

(1)	(2)	(3)
Institution Anschrift	Kontaktperson(en)	Funktion Anschrift (sofern abw.v. (1))
1. <u>Washington, D.C.</u>		
Council for International Exchange of Scholars Eleven Dupont Circle Washington, D.C. 20036 Tel. (202)833-4950	Dr. Adolph Y.Wilburn Margot Marino	Director Staff member
American Council on Education	Dr. Jack W. Peltason	President
U.S. Office of Education Dept. of Health, Education and Welfare $7^{th}$and D-Streets, S.W. Washington, D.C. 20202	Timothy King	Chief International Visitors Section International Exchange Branch Division of International Education
	Dr. Charles R. Foster	Education Program Specialist Office of Bilingual Education Reporters Building 300 - 7th Street, S.W.
	William S. Gescheider	Chief Planning Staff Bureau of Higher and Continuing Education
The Catholic University of America Washington, D.C. 20064	Dr. Raymond Steimel	Dean School of Education O'Boyle Hall
Tel. (202) 635-5800	Dr. Eileen Kuhns	Area Coordinator, Educational Administration School of Education O'Boyle Hall
	Cielle Block	Assistant Dean and Director of Teacher Education School of Education O'Boyle Hall
	Dr. Anthony Norcio	Coordinator Academic Services, Computer Center Cassidy Building
	Karl C. Thomas	Director Computer Center

American Association of State Colleges and Universities One Dupont Circle, N.W. Washington, D.C. 20036 Tel. (202) 293 - 7070	Maurice Havari Marina Bühler Niko	Ass. Executive Director International Relations Ass. Director Resource Center for Planned Change
U.S. Capitol House of Representatives	The Honorabel John Brademas	Majority Whip; Indiana member of Committee on Education and Labor
National Science Foundation 1800 G-Street, N.W. Washington, D.C. 20550	Dr. Kent Curtis	Head Computer Science Section Division of Mathematical and Computer Science Tel. 632-7346
Tel. (202) 632-5800	Dr. Louis Cima	Ass. Program Manager for Research on Information Systems Division of Science and Technology Tel. 632-5800
	Dr. Andrew Molnar	Program Manager for Research in Science Education Development and Research National Science Foundation 5225 Wisconsin Ave., N.W. Tel. 282-7745
The Library of Congress Washington, D.C. 20540	Joe Price Barbara S. Phillips	Director Automated Systems Office Technical Information Spezialist
2. <u>Pennsylvania</u> Indiana University of Pennsylvania Indiana, PA 15701	John J. Nold	Executive Direktor Development Affairs 331 John Sutton Hall
	Dr. Robert L. Woodard	Director Institutional Research
	Dale Marchand	- " -
	Donald Seagren	Registrar

	Maurice J. Fox	Director Computer Center Stright Hall
	Barbara Eisen	Ass. Director for Administrative Systems Stright Hall
University of Pittsburgh Computer Center 600 Epsilon Drive RIDC Park Pittsburgh, PA 15238 Tel. (412) 624-6355	Allen S. Grandey	Assoc. Director Computer Center
Carnegie-Mellon University Schenley Park Pittsburgh, PA 15213 Tel. (412) 578 2574	Leonard J. Shustek John W. McCredie Tom Boardman	Asst. Prof. of Computer Science Vice Provost Director Computation Services
3. New York		
Rensselaer Polytechnic Institute Troy, NY 12181 Tel. (518) 270-6635	James L. Moss J. Caviness W. Dillaway W. McGarry James C. Andrews	Director Computer Services Head Academic Services Head Systems Programming Head Administrative Computing Director of Libraries
State University of New York at Albany 1400 Washington Ave. Albany, NY 12 222 Tel. (518) 457 - 1895	Valentina D.M. Meyers John.E. Tuecke Philip C. Semprevivo C. Teranzini	Ass. Director Computing Center Associate Director Computing Center Ass. Director for Administra- tive Systems Development Director Institutional Research

Central Administration State University Plaza Albany, NY 12246 Tel. (518) 473-8120	Harold B. Wakefield	Ass. Vice Chancellor Computer Systems Development
4. New Jersey		
Department of Higher Ecucation State of New Jersey 225 West State Street Trenton, NJ 08625 Tel. (609) 292-82 22	Donald R. Arnold	Director Office of Management Systems
EDUCOM P.O. Box 364 Princeton, NJ 08540	Eugene Kessler	
Princeton University Princeton, NJ 08540 Tel. (609) 452-6002	Dr. Wettstein W. Emmanuelle	University Computer Center - " -
5. Michigan		
The University of Michigan Ann Arbor, Michigan 48109	Samuel J. Plice	Director of Administrative Systems
	Dr. C.J. Wallace	Director Data Systems Services 2021 Administrative Services Building 1009 Greene Street Tel. (313) 764-3089
	Dr. A.R. Emery	Assoc. Director Computing Center 1075 Beal Eve.
	Dr. L. Flanigan	Dean Dept. of Computer and Communication Sciences 2076 Frieze Building Tel. (313) 764-8504
	Dr. Eric M. Aupperle	Director Merit Computer Network 2355 Bonisteel Blvd.
	David E. Wood	Director Hospital Data Systems Center University Hospital Tel. (313) 764-0164

	M. Lederman	Systems Analyst Harlan Hatcher Graduate Library
6. <u>Illinois</u> University of Illinois at Urbana-Champain Champain, Ill. 61820	Dr. Robert Winter	Director University Office of Resource Planning
	Dr. Donald Bitzer	Director Computer-based Education Research Lab. 252 Engeneering Research Lab. Tel. (217) 333-6210
	Dr. George Badger	Director Computer Services Office 150 Digital Computer Lab. Tel. (217) 333-4103
	Michael Gorman	Director of Technical Servi- ces University Library 230 Library Tel. (217) 333-0791
	James Divilbiss	Prof. at Library School
	John McManus	Director Administrative Information Systems 54 Administrative Building
	John Terwilliger	Director Office of Administrative Studies 909 South6th Street
	Dr. G.J. Froehlich	Director Institutional Research 409 East Charmers Str. Champaign, Illinois 61820
University of Illinois at Chicago Circle Chicago, Ill. 60637	Joseph A. Catrambone	Ass. Vice President University Office of Administrative Systems Roosevelt Road Building Tel. (312) 996-8870

The University of Chicago Chicago, Ill. 60637	Howard S. Harris	Ass. System Librarian Regenstein Library 1100 East 57th Street Tel. (312) 753 – 2933
7. Colorado		
University of Colorado Boulder, Colorado 80309	Joseph Hayes	Director University Consolidated Administrative Data Processing Center
College and University Systems Exchange (CAUSE) 737 29th Street Boulder, Colo. 80309	Charles Thomas	Executive Director
National Center for Higher Education Management Systems (NCHEMS) and Western Interstate Commission for Higher Education Boulder, Colo. 80309	Louise Lawrence Maryann Brown Dough Collier	 Library Program Information Standards and Studies Health Care Administration and Business
8. California		
University of California Berkeley, Cal. 94720	Dr. Robert Bailey	Director Office of Admissions and Records
	Dr. Stuart Lynn	Director of Computer Affairs and Prof. of Electrical Engeneering and Computer Science
	Dr. Arthur Luehrmann	Director of Computer Activities Lawrence Hall of Science
	Stephen Salmon	Ass. Vice President Library Plans and Policies
	Charles Stevenson	Acting Director of Computing Information Systems and Computing
Stanford University P.0 Box 5816 Stanford, California 94305	Dr. Thomas C. Rindfleisch	Director SUMEX Computer Facility Stanford University Medical Center

	Tina Kass	Director Catalogueing Dept. Main Library
	Ralph Gorin	LOTS
	Charles Dickens	Director Computing Center
9. __North Carolina__		
Triangle Universities Computation Center P.O. Box 12 076 Research Triangle Park, NC 27709.	Dr. Leland H. Williams	Director Triangle Universities Computation Center (TUCC) Adjunct Professor of Compu- ter Science
	John Stephenson	Vice President and Assoc. Director of TUCC
	Joe Ragland	Assistant to Director of TUCC
North Carolina Educatio- nal Computing Services (NCECS)	Louis T. Parker	Director of NCECS
	Janet Ives	Information Services of NCECS
Research Triangle Park, NC 27709		
The University of North Carolina at Chapel Hill Chapel Hill, NC 27514	James J. Batter	Director Computation Center
	Erwin M. Danziger	Director of Administrative Dataprocessing Lecturer in Computer Science
	Betty Francisco	Director Management Systems and Data Processing North Carolina Memorial Hospital
	Dr. Joe Hewitt	Assoc. University Librarian
	Dr. Martin Dillon	Assoc. Prof. of Library Science
Duke University Durham, NC 27514	Dr. Frank Starmer	Chairman TUCC Board of Directors

10. <u>Massachusetts</u>

Massachusetts Institute of Technology Cambridge, Mass. 02138	Jean C. Bonney	Director of Academic and Research Computing
	Gerald M. Ponce	Ass. Director Administrative Computing Services
Boston University 881 Commonwealth Av. Boston, Mass. 02215	Peter A. Capodilupo	Director Administrative Data Processing
Harvard University Cambridge, Mass. 02138	Ronald Diener	Director Harvard College Libraries
	Robert Scott	Director Office for Information Technology
	Lewis A. Law	Assoc. Director Harvard Science Center 1 Oxford Street
	Christopher Nugent	Professor Harvard Graduate School of Business 10 Morgan Hall
	Elizabeth V. Truesdell	Research Assoc. Center for Studies in Education and Development Graduate School of Education 418 Gutman Library

A N H A N G   2

Anhang 2.1: Allgemeine Daten der besuchten Universitäten

Universität	Studenten (Anzahl)			Personal in FTE (Full-Time-Equivalent) =Vollzeitäquivalent		Jahres-Etat			Prozentuale Herkunft des Etats		
	insgesamt	Teilzeit-studenten	Graduate	wissenschaft-liches	anderes	Gesamt-etat (Mio. $)	Personal-etat	For-schungsetat (% d. Gesamt-etats)	Staat	Privat	Studien-gebühren
1. Indiana University of Pennsylvania	11 727	1613	1o37	716	61o	38,5		0,5			
2. University of Pittsburgh	35 oo1	13 889	8712								
3. Carnegie-Mellon-University	5 315	753	1489	428	1256	65		35			
4. SUNY at Albany	14 679	38o4	4498	683		59,9			75		
5. Rensselaer Polytechnic Institute	6 7oo	12oo		4oo	9oo	4o		22,5	-	5o	5o
6. New Jersey Educational Computer Network (NJECN) Universitäten											
.Rutgers (3 Campus)	49 o45	1726o	11883	2927		177,7 Educational and					
. College of Medicine and Dentristy	1 382	27	114	625		46,8 General Expenditres					
. New Jersey Institute of Techn.	5 774	2694	1o82	353		16,9					
staatliche Colleges	81 23o	35775	15o83	3614		134,1					
7. Princeton University											
8. University of Michigan	46 o17		14881	24o5 (Vollzeit)	11855	462,8		16,2	43	42	5
. Ann Arbor	36 74o										
. Dearborn	5 476										
. Flint	3 8o1										
9. University of Illinois	61 329		1o845	9o99	11945	525,o9			52	32	6

9.1 Urbana-Champaign	33 946		7518	6208	5520	274,78				
9.2 Chicago-Circle	2o 663		2665	15o8	1o82	75,75				
9.3 Medical Center (Chicago)	4 614		662	1259	46o6	154,13				
1o. University of Colorado	36 2o3		87o6	2295	7975	237,1	15	31,2	55,1	13,7
. Boulder	21 767		3996	12oo	3323	119,1				
. Colorado Springs	4 127		114o	145	132	5,2				
. Denver	8 832		3232	288	267	13,9				
. Medical Center (Denver)	1 477		338	662 (+13oo)	4253	98,9				
11. University of California	27 4o8		25576							
Berkeley Campus	29 o84		8632	49o1	8565					
12. Stanford University	11 ooo									
13. Universitäten, die das Triangle Universities Computation Center betreiben										
13.1 University of North Carolina	19 974	2632	445o	1663		147,82				
13.2 North Carolina State University	17 73o	44o5	3625	1o29		71,21				
13.3 Duke-University	9 471	6o6	1968	574 (ohne Medizin)						
14. Massachusetts Institute of Technology	8 712		4165			13o,93 Education and General Expenses 89,74 Forschung 96,6o Lincoln Lab 317,27	59			
15. Harvard University	8 5oo									

Anhang 2.2: Geräteausstattung der Hochschulrechenzentren, Zentralrechner, Externspeicher und Datenfernübertragungssteuereinheiten

Gerät / Institution	Zentralrechner					Schnelles Systemspeicher				Plattenspeicher				Bänder		Datenfernübertragungssteuereinh.		
	Anzahl *Typ	Hauptspeicher kapazität	Wortlänge bit	Cache-Speicher kB	Kanäle Anzahl *Typ	Anzahl *Typ	Gesamtkapazität MB	mittl. Zugriffszeit msec	Übertragungsgeschwindig. MB/sec	Anzahl *Typ	Anzahl Laufwerke	Kapazität MB	Übertragungsgeschwindigk. MB/sec	Anzahl Laufwerke	Dichte bpi	Anzahl *Typ	max. Durchsatz MB/sec.	Anzahl Eingänge
1. Indiana University of Pennsylvania	Xerox Sigma 6	128kW	32	-		Fest-kopf-platte	5,8	17	3		8	86		2	8oo	1		72 async 4 sync
2. University of Pittsburgh	2*DEC 1o99 (4*KL1o CPUs)	2x1MW	36	-		Platte	2*2oo			2* Memorex 3672	24	2oo		8	8oo/ 16oo Storage Technology Corp. 38oo	2*PDP 11/5o		16 RJE 256 TTY
3. Carnegie-Mellon-University	DEC 2o4o DEC 2o5o DEC 2o6o 2*PDP 11/45	256kW 524kW 524kW 2*128 kW									3 3 3 2	2oo 2oo 2oo 2oo		2 2 2 4	8DECtape 625o 16oo 16oo 16oo			32 32 64 32+24
4. SUNY al Albany	UNIVAC 111o mit 3 Command Arithm. Units	262kW Drahtsp. 512kW Kernsp.	36 36		16	3*Trommel 432 2*Trommel 1782 FASTRAND Trommel 132	3*4.7 2*12.6			884o	12	95o		7 1	16oo 2oo/ 556/ 8oo	3*CTMC 3 Micro-data-mini		94 48
5. Rensselaer Polytechnic. Institute	IBM 3o33	4 MB		64	1o Block 2 Byte	2*Festkopfplatte	4			23o 1*333o 1*335o	6 6 4	1oo 1oo 317		7	8oo/ 1ooo	Memorex 127o		96

Anhang 2,2: Geräteausstattung der Hochschulrechenzentren, Zentralrechner, Externspeicher und Datenfernübertragunssteuereinheiten

Zentralrechner / Schneller Systemspeicher

Gerät / Institution	Zentralrechner Anzahl *Typ	Hauptspeicher kapazität	Wortlänge bit	Cache-speicher kB	Kanäle Anzahl *Typ	Anzahl *Typ	Gesamtkapazität MB	mittl. Zugriffszeit msec	Übertragungsgeschwindig. MB/sec
6. New Jersey Educational Computer Network (NJECN)	IBM 37o/168	4MB							
	IBM 37o/158	3MB							
7. Princeton University	IBM 36o/91	2 MB			Je 1 Block	Platte 23o1			
	IBM 37o/158	2 MB			5*Byte	Platte 334o			
8. University of Michigan	Amdahl 47o/V6	6MB			5*Block 4*Byte 5*Se-lektor	3 Platte 1BM 23o5			3*1o
	IBM 37o/158	4MB			6	-			
	IBM 37o/148	2MB			4	-			
	+IBM 37o/148	2MB			4	-			

Plattenspeicher / Bänder / Datenfernübertragungssteuereinh.

Gerät / Institution	Plattenspeicher Anzahl *Typ	Anzahl Laufwerke	Kapazität MB	Übertragungsgeschwi. disk. MB/sec	Bänder Anzahl Laufwerke	Dichte bpi	Anzahl *Typ	max. Durch-setz MB/sec.	Anzahl Eingänge
6. New Jersey Educational Computer Network (NJECN)	1*333o-II	14	2oo		14	625o/	COMTEN		42 RJE
	1*333o-I	1o	1oo		2	6oo/1ooo/2oo			525 Terminals
	1*2314								
	1*335o	16	317						
7. Princeton University	zusammen 4*333o	24	1oo		7	16oo	IBM 37o5		74
	2*Storage Techn. Superdisc 18oo	2	8oo		1	8oo			
8. University of Michigan	2* Memorex 3672	28	2oo		Storage Techn. 38oo		1*Courier 1*Memorex		12 sync 52 async
					5	8oo/			
					1o	16oo/ 16oo/ 6 25o	PDP-8DC		32
							2*PDP 11		2*96
							PDP 11		MERIT
	2*333o mit ITELLauf-werken	16	15o		Storage Techn. 38oo		Storage Technology 2722		13o
					8	16oo/ 625o	IBM 37o5		28 low speed 11 high speed
	IBM 333o	8	1oo		6	625o	IBM 37o4		
	IBM 334o	4	317,5		2	16oo/ 625o	IBM 327o		96

Anhang 2,2: Geräteausstattung der Hochschulrechenzentren, Zentralrechner, Externspeicher und Datenfernübertragungssteuereinheiten

Gerät / Institution	Zentralrechner Anzahl *Typ	Hauptspeicher kapazität	Wortlänge bit	Cache-Speicher kB	Kanäle Anzahl *Typ	Schneller Systemspeicher Anzahl *Typ	Gesamtkapazität MB	mittl. Zugriffszeit nsec	Übertragungsgeschwindig. MU/sec	Plattenspeicher Anzahl *Typ	Anzahl Laufwerke	Kapazität MB	Übertragungsgeschwindigk. MB/sec	Bänder Anzahl Laufwerke	Dichte bpi	Datenfernübertragungssteuereinh. Anzahl *Typ	max. Durchsatz MB/sec.	Anzahl Eingänge
9. University of Illinois 9.1 Allg. Rechenzentrum Urbana-Champaign	IBM 360/75	1MB 2MB	Fast Core Ampex		4	Trommel IBM 23o1	4MB		1,2	Memorex 661	4	29	0,31	1	8oo/556	IBM 37o5		18
										2*Memorex 3671	1o	2oo	0,80	4	16oo/ 8oo	IBM 27o1		(Anschluß CY 175)
	CYBER 175	256KW	6o	-	2oPP	Extended Core Storage	512KW			CDC 844-41	1o	171	0,75	1	8oo/ 556	255o-1		1oo async
														4	16oo/ 8oo	6681		(Anschluß 36o/75)
9.2 Verwaltungs-RZ	IBM 37o/168-3	8 MB			8					2*IBM 3333	4	2oo	0,80	1	556/ 8oo			47 sync
										4o*IBM 335o	8o	317,5	1,2	2	16oo/ 8oo			131 async davon 84 dial-up
														22	625o/ 16oo			
9.3 Allg. Rechenzentrum Chicago Circle	IBM 37o/158-1	4 MB			4					2*IBM 335o	8	1oo	0,80	3	16oo/ 8oo	IBM 37o5 +ComData Multiple- xor +HP 2ooo		3 sync
										IBM 3333	4	317,5	1,2					1o9 39
1o. University of Colorado	IBM 37o/145	784 kB								2*IBM 3333	8	1oo		7	342oo	IBM 37o5		

Anhang 2.2: Geräteausstattung der Hochschulrechenzentren, Zentralrechner, Externspeicher und Datenfernübertragungssteuereinheiten

Institution	Zentralrechner Anzahl *Typ	Hauptspeicherkapazität	Wortlänge bit	Cache-Speicher kB	Kanäle Anzahl *Typ	Schnelles Systemspeicher Anzahl *Typ	Gesamtkapazität MB	mittl. Zugriffszeit nsec	Übertragungsgeschwindigk. MB/sec	Plattenspeicher Anzahl *Typ	Anzahl Laufwerke	Kapazität MB	Übertragungsgeschwindigk. MB/sec	Bänder Anzahl Laufwerke	Dichte bpi	Datenfernübertragungssteuereinh. Anzahl *Typ	max. Durchsatz MB/sec.	Anzahl Eingänge
11. Univ. of California																		
11.1 Allg. Rechenzentren	CDC 6400																	
	4*PDP 11/7o																	
11.2 Verwaltung	PDP 11/34 IBM 3o31 IBM 37o/135																	
	IBM 36o/95, IBM 37o/168																	
12. Stanford University	2*DEC 1o5o 2*DEC 1o																	
13. Universitäten, die das Triangle Universities Computation Center betreiben : TUCC	IBM 37o/165-I	4 MB AMS		16kB	6	6*Trommel IBM 23o1	246MB			Storage Techn. 88oo	5	8oo		Storage Techn. 345o:		POP11 (Telenet) IBM 27o1		3 1 sync
	IBM 37o/165-II	4 MB AMS		8kB	6					4*ITEL 783o	2	1oo		8	16oo	2*MRX 127o		36 sync 94 async
											3o	2oo		367o:				2 auto
										IBM 2314	9	29		5	625o	Conten 365o		36 async 13 CNS
																Infotron 45o		48 ports
																Port Selectron		64 lines
13.1 University of North Carolina	IBM 36o/75	512 kB			2 Selektor				gemeinsame Peripherie	2*ITEL 733o	1o	2oo		4 STC 38oo		1*MRx127o mit Gandalf Port Selector		14
13.1.1 Allg. Rechenzentrum		4 MB (Ampex)			1 Mux					IBM 2314	8	29				1*COMTEN		
	IBM 37o/155	2 MB (AMS)			3													

Anhang 2.2: Geräteausstattung der Hochschulrechenzentren, Zentralrechner, Externspeicher und Datenfernübertragungssteuereinheiten.

Institution	Zentralrechner Anzahl *Typ	Hauptspeicher kapazität	Wortlänge bit	Cache-Speicher kB	Kanäle Anzahl *Typ	Schnelle Systemspeicher Anzahl *Typ	Gesamtkapazität MB	mittl. Zugriffszeit msec	Übertragungsgeschwindig. MB/sec	Plattenspeicher Anzahl *Typ	Anzahl Laufwerke	Kapazität MB	Übertragungsgeschwindig. MB/sec	Bänder Anzahl Laufwerke	Dichte bpi	Datenfernübertragungssteuereinh. Anzahl *Typ	max. Durchsatz MB/sec.	Anzahl Eingänge
13.1.2 Verwaltungs-RZ	Univac 7o/7	1 MB			7	2*Trommel												
	Univac 8o/8o	2 MB			8					2*5o39	7	2oo						
										Gemeinsame Peripherie								
										2*5o33	8	1oo		7		CCM		97
																MCC		64
											4	1oo		4	8oo/ 1600			
13.1.3 Rechenzentrum für die Medizin	Honeywell-Bull 66/6o	384 kW	32													2*HB 6632		je 8o
14. Massachusetts Institute of Technology																		
14.1 Verwaltungs-Rechenzentrum	IBM 370/148	1 MB			4 Sel					3*Memorex 367o	6			6	1600	1*3272		
					1 Mux					2*Memorex 375o	8			2	8oo 1600			
14.2 Allg. Rechenzentrum	IBM 370/168 HB 618o Duplex	3 MB																
15. Harvard University	IBM 370/145 DEC 11/7o																	

Zu Anhang 2.2: Periphere Geräte, Netzanschlüsse, Software

LFD. Nummer	Drucker		Lochkartenleser		Dialogterminals		Stapelstationen			Sonstige Geräte	Anschluß an Rechnernetze bzw. Zusammenarbeit	Software			
	Anzahl	Zeilen/min.	Anzahl	Karten/min.	Anzahl	max. Geschw. Bit/sec.	Anzahl *Typ	Karten/min.	Zeilen/min.			Betriebssystem	Anzahl Compiler	Datenbanksystem	Besondere Programmpakete
1. Indiana University of Pennsylvania	1 1	1500 760	1 1	1500 1 400	73	TTY Dataspeed 4o Decwriter Hazeltine 2ooo	4 Datapro Sycor	3oo	3oo/6oo	.Trommelplotter . graph. Sichtgeräte . Sprach-Synthesizer . COM	2o weitere Colleges, davon 2 mit RJE 15 Highschools		12	EDMS	Statistik
2. University of Pittsburgh	-	-	-	- -	15o privat 73 public	1o 3o 12o	1o* PDP 11	1ooo/ 12oo	7oo/1ooo	.2 Video-Display .1 graph. Sichtgerät mit Hardcopy .52 Kartenleser			6		Statistik: SPSS 1o BMD Simulation CSMP GPSS SIMULA
3. Carnegie-Mellon University	3		1		3oo Perkin Elmer 11oo Decwriter 1o Decscope	12oo 3oo 6oo					EDUNET Zusammenarbeit mit Univ. of Pittsburgh	TOPS	11	DBMS	Statistik: BMDP SPSS Simulation NOTRAN (Univ. of Norte Dame) CSMP
4. SUNY at Albany	1	12oo	1	9oo 1						.Minirechner Microdata Data General Interdata .Graphic System Interdata 7/76 64 kB 1o MB Platte 2 Tectronix 4o1o .Sprach-Digitalisierer .2 Plotter	.PLATO (156) .TELENET (EDUNET)		9		Statistik: SPSS BMD STAT-PACK Simulation SIMSCRIPT GPSS

<u>Zu Anhang 2.2:</u> Periphere Geräte, Netzanschlüsse, Software

LFD. Nummer	Drucker		Lochkartenleser		Dialogter-minals		Stapelstationen			Sonstige Geräte	Anschluß an Rechnernetze bzw. Zusammenarbeit	Software			
	Anzahl	Zeilen/min.	Anzahl	Karten/min.	Anzahl	max. Geschw. Bit/sec.	Anzahl *Typ	Karten/min.	Zeilen/min.			Betriebssystem	Anzahl Compiler	Datenbanksystem	Besondere Programmpakete
5. Rensselaer Polytechnic Institute	2 3	1100 600	3		1	16 Courier 2o IBM 327o 1o Decwriter II 5 Teleray 1o Lear-Sigler 5 TI 735 (tragbar) 1 Diablo 2 Hazehtine 1ooo 69	Motak	600	600	.Platte (off-line) .4o Kartenlocher .Großes Graphik-system 2*PRIME Dual 58o mit 36 IMLAC-Term.		MTS	16	TOTAL TAXIR	Statistik: BMD BMDP SPSS Simulation CSMP DYNAMO GPSS
6. New Jersey Educational Computer Network (NJECN)	1 2	1ooo	2		1	525	42			Magnetbandcassetten-Lesegerät	alle staatl. Universitäten und Colleges in New Jersey und weitere Einrichtungen des Bildungswesens	MVT MVS		IMS	COURSEWRITER CALL/OS SUPERWYLBUR
7. Princeton University	1 2	1600 12oo	2	600	1	6o Datamedia 3oo/12oo 3*36o/2a 15 Decwriter 3oo	4*3777 3*36o/ 2o Modcomp		12oo	.3o Tektronix 4o13 Graph. Terminals .4* Calcomp 565 Plotter .2* Calcomp 936 Plotter .25 Kartenlocher .IBM 379o mit 4 Terminals für Datenerfassung .4*IBM/7 für Labordatenerf. m. Anschluß an zentrale Rechner	EDUNET				

<u>Zu Anhang 2.2:</u> Periphere Geräte, Netzanschlüsse, Software

LFD. Nummer	Drucker Anzahl	Drucker Zeilen/min.	Lochkartenleser Anzahl	Lochkartenleser Karten/min.	Dialogterminals Anzahl	Dialogterminals max. Geschw. Bit/sec.	Stapelstationen Anzahl *Typ	Stapelstationen Karten/min.	Stapelstationen Zeilen min.	Sonstige Geräte	Anschluß an Rechnernetze bzw. Zusammenarbeit	Betriebssystem	Anzahl Compiler	Datenbank system	Besondere Programmpakete
8. University of Michigan	3	1000	2	1000	ca.400 davon können ca. 215 aktiv sein		12			.3 Tektronix 4010 .Calcomp 935 Plotter	Merit EDUNET Anschlüsse der Campus Flint Dearborn Washington,D.C.	MTS	2o	SPIRES TAXIR	Statistik: SPSS BMD Simulation CSMP GPSS SIMSCRIPT II GASP
	1 2	2000 1000	1		159 Courier		IBM 36o/2o Singer System 1o (Bibl.) NCR 1o1 (techn. Betrieb) IV Phase (Flint) HP 3ooo (Dearborn) IBM 3741			.Honeywell Page Printing System (Non-Impact) 12oo Zeilen/min. .COM (Datagraphix) für Hospital u. Verwaltung .OCR-Leser IBM 3886 .12 Locher .Disketten-Datenerfassungssystem IBM 3741	Anschlüsse von 4 Phase Comp. (Flint) HP 3ooo (Dearborn)	MVS		IMS	
	2 1	1000	1 3505 1 2501		64+13 Hardcopy					.Datensammelsystem mit 7 Plätzen	.Allg. Rechenzentrum .Verwaltungs-RZ .Labor (CDC 1784+ 3 PDP11) .PRIME 4oo	o5/V51 VM 37o		DL/1	

Zu Anhang 2.2: Periphere Geräte, Netzanschlüsse, Software

LFD. Nummer	Drucker		Lochkartenleser		Dialogterminals		Stapelstationen			Sonstige Geräte	Anschluß an Rechnernetze bzw. Zusammenarbeit	Software			
	Anzahl	Zeilen/min.	Anzahl	Karten/min.	Anzahl	max. Geschw. Bit/sec.	Anzahl *Typ	Karten/min.	Zeilen min.			Betriebssystem	Anzahl Compiler	Datenbank system	Besondere Programmpakete
9. Univ. of Illinois															
9.1 Urbana-Champaign	2	1000	2		1		9*PDP 11/1o PDP11/2o CSO south HP 3ooo Harris/7	6oo	6oo		Anschluß an: .Cyber 175 .Verwaltungsrechner .Chicago Circle .EDUNET				
	1		1		1	40 300 Decwriter 1oo Infoton +weitere in den Fachbereich				.Massenspeichersystem .3o Graphik-Terminals Tektronic 4o1o/4oo6					
9.2 Chicago-Circle	1	1ooo	1		36o IBM 372o bzw. Hazehtine		12*36o/22 mit je .2-3Oruckern .1-2 Kartenlesern .1 Magnetband				Angeschlossen: .Klinik .Urbana-Champ.		IMS CICS-DL1 MOD 2o4			TSO Mark IV
9.3 Medical Center (Chicago)			1 2501 1 3505		1	115 TTY Infoton Hazeltines Decwriters +Unbek. Zahl über 32 dial-ups	IBM 3776			.Platte	Anschluß an: .Urbana-Champ. 36o/75				
1o. University of Colorado	2	1ooo	1 3505		1	32 IBM 3376/77/78	2 Harris 1 Data 1oo			.: Datensammelsystem IBM 3742 mit Converter 3742	Angeschlossen: .Denver Campus .Medical Center .Colorado Springs Campus				

<u>Zu Anhang 2,2:</u> Periphere Geräte, Netzanschlüsse, Software

LFD. Nummer	Drucker		Lochkartenleser		Dialogterminals			Stapelstationen			Sonstige Geräte	Anschluß an Rechnernetze bzw. Zusammenarbeit	Software			
													Betriebssystem	Anzahl Compiler	Datenbank system	Besondere Programmpakete
	Anzahl	Zeilen/min.	Anzahl	Karten/min.	Anzahl	max. Geschw. Bit/sec.	Anzahl Typ	Karten/min.	Zeilen min.							
13. Universitäten, die das Triangle Universities Computation Center betreiten	3	1ooo	1 254o 1 25o1		7oo						Angeschlossen sind: Duke University IBM 37o/138 North Carolina State ITEL AS 4 Univ. of NC IBM 36o/75 IBM 37o/155 NCECS (versorgt zus. weitere 55 Institutionen davon 14 Univ., 31 Colleges und 1o Highschools) 2*HP 2ooo mit zus. 48 Ports <u>Netzanschlüsse:</u> EDUNET	I: MVT mit TSO II: MVS/RJE	24	MARK IV	Simulation DYNAMO DYNAMO II CSMP III GPSS SIMSCRIPT II 5 Statistik: BMD BMDP SPSS
13.1.1 Allg. Rechenzentrum	3	1ooo	1 254o	1	ca.2oo	5o TTY 32 SG (Tektronix TI Silent Teleray Perry 5ooo Lear Siegler) 6 Decwriter II	6*Hetra Mark IV 2*IBM 113o			.Plotter .Scandata OCR-Leser .24 Kartenlocher .Tektronix 4o13 Graph.-Terminal .NCR Magentbandleser	TUCC	OS/MVT mit CALL/o5	13		Statistik: SPSS BMDP IMSL etc. Textverarbeitung SCRIPT
13.1.2 Verwaltungs-RZ	4		2	1											
13.1.3 Rechenzentrum für die Medizin	2	12oo	1	15oo						.Mohawk Datensammelsystem mit 8 Stationen	Anschluß d. kl.-chem. Lab. PDP 11 (64 kB) 2.4 MB Platte 4.8 MB Festkopfplatte				
14. Massachusetts Institut of Technology Verwaltungsrechenzentrum	3		1	1	22							VM-VS 1 -DOS	5		Reportwriter Azerx QUERY-S

Lecture Notes in Computer Science